Feng Shui para la vida

Feng Shui para la vida

Luz e inspiración para
el conocimiento interior
y el dominio del ser

Kathryn Mickle

alamah TRADICIONES DE ORIENTE

Título original: *Journey to Mastery. Feng Shui for Life*

alamah°

De esta edición:
© 2003, Santillana USA Publishing Company, Inc.
2105 NW 86th Avenue, Miami, FL 33122
Teléfono: (305) 591-9522
Fax: (305) 591-7473
www.alfaguara.net

D. R. © 2002, Aguilar, Altea, Taurus, Alfaguara, S.A. de C.V.
Av. Universidad 767, Col. del Valle, México, 03100, D.F.

- Santillana Ediciones Generales, S.L.
  Torrelaguna 60. 28043, Madrid, España.
- Aguilar, Altea, Taurus, Alfaguara, S.A.
  Beazley 3860, 1437, Buenos Aires, Argentina.
- Aguilar Chilena de Ediciones, Ltda.
  Dr. Aníbal Ariztía 1444, Providencia, Santiago de Chile.
- Distribuidora y Editora Aguilar, Altea, Taurus, Alfaguara, S.A.
  Calle 80 Núm. 10-23, Bogotá, Colombia.
- Editorial Santillana Inc.
  P.O. Box 19-5462, San Juan, Puerto Rico, 00919.
- Santillana de Ediciones S.A.
  Avenida Arce 2333, La Paz, Bolivia.
- Santillana S.A.
  Av. San Felipe 731, Lima, Perú.
- Editorial Santillana S. A.
  Av. Rómulo Gallegos, Edif. Zulia 1er. piso,
  Boleita Nte., 1071, Caracas, Venezuela

ISBN: 1-58986-601-0

Primera edición: marzo de 2002
Traducción: Noemí Novell M.
Diseño de colección: Ideograma (www.ideograma.com), 2001.
D. R. © Diseño de cubierta: Antonio Ruano Gómez.
Diseño de interiores: Times Editores, S.A. de C.V.

Impreso en Colombia por Panamericana Formas e Impresos S.A.

Índice

Gracias a mi buena amiga Kitty Oliver, quien además de apoyarme siempre ha estado conmigo, alentándome a lo largo del proceso de escritura y actuando como una lectora amistosa.

Gracias a mi mentor, Michael Harns, de Peter Lowe International, por su inspiración y guía que me ayudaron a permanecer centrada en el libro.

Gracias a Sean Jones por el diseño artístico de la portada y del libro, y a Douglas Schules y la Dra. Jacklyn Neblett por su arduo trabajo de edición.

A lo largo de mi camino espiritual he tenido faros guía que han alimentado mi entendimiento. Entre ellos se encuentran:

The Orin and Daben Writings, de Sanaya Roman y Duayne Parker.

The Course in Miracles y *The Kyron Writings*, de Lee Carroll, e *Indigo Children*, de Lee Carroll y Jan Tober.

Han existido muchos maestros en el recorrido de mi camino oriental que han aportado algunas piezas del rompecabezas por mí. Éstos incluyen a:

Maestro Mantak Chi,
Maestro Dannie Wu,
Raven Merle y
Michael Andron.

Me gustaría agradecer a mi esposo, Van, cuya constante provocación me hizo observar mis patrones de cerca, y a Trinidad y Tobago, su tierra natal, donde encontré la paz para escribir varias partes de este libro.

Me agradó de inmediato. A partir de la asociación profesional y de un grupo educacional cooperativo de Feng Shui, del que somos socias fundadoras, he llegado a respetar el conocimiento, el profesionalismo, la dedicación y la integridad de Kathryn. Me entusiasmó que me pidiera escribir el prefacio para su libro. Pensé que con este trabajo llegaría a conocerla mejor y al mismo tiempo tendría la oportunidad de aprender algo nuevo, tal vez explorar la vida con una perspectiva distinta y, con toda seguridad, volver a enfocarme en mi viaje interior.

Mientras más leía, más hermosa se volvía Kathryn. Vi su conocimiento y su experiencia, así como su punto de vista gentil, amable y amoroso. Aunque no conozcas el Feng Shui, ni poseas un conocimiento filosófico básico o sobre las prácticas orientales, la Dra. Mickle, mi amiga y colega, logra transmitir el mensaje. Proporciona principios fáciles de aplicar para conocerte mejor, ayudándote así a mejorar tu calidad de vida.

Compartiendo a menudo los obstáculos que ha atravesado en la vida, su viaje hacia el dominio del ser nos recuerda que en cada suceso hay siempre algo que aprender. Afirma que todos, sin importar lo que la vida nos presente, tenemos necesidades universales parecidas. Pero, lo

más importante, nos lleva a recordar qué aspectos verdaderamente nos permiten vivir con felicidad y regocijo. Sabiendo que en ocasiones la vida parece estar en nuestra
contra, la autora nos proporciona herramientas de amor
propio, que podemos utilizar para reconocer los bloqueos
y afrontar los retos con facilidad.

El acercamiento de Kathryn al antiguo bagua chino que
define el funcionamiento energético del cosmos, el planeta, las estaciones e, incluso, la estructura de la familia, te
permite identificarlo conforme evoluciona el viaje de tu
vida, pues describe los conceptos del bagua como una guía
hacia el entendimiento y perfeccionamiento de tu viaje. Por
medio de los principios básicos de la metafísica china, nos
permite conocer muchas de nuestras habilidades vitales,
entre las que se encuentran:

Ser amables y amorosos con nosotros mismos, para
poder serlo con los demás.

Ser conscientes y observadores de nuestros cuerpos
y pensamientos.

Reemplazar los pensamientos negativos con pensamientos positivos.

Vivir en el aquí y el ahora, en lugar de en el pasado o
el futuro.

Con el ameno y bien escrito libro de Kathryn, somos
motivados a viajar a lo largo de los ciclos de la vida, año con
año, día con día y minuto con minuto, y a compartir nuestro derecho de nacimiento celebrando la vida y su dominio.

Al principio de la década de los ochenta, cuando vivía en Toronto, Canadá, haciendo mi investigación doctoral, decidí analizar cómo los estudiantes de otras culturas manejaban el estrés provocado por la adaptación a una sociedad distinta. Al observar a la población estudiantil, resultó que, estadísticamente, los alumnos de Hong Kong eran el grupo más fácil de analizar. En aquel tiempo, debido al miedo a la toma del poder por parte de la China continental en 1997, las familias de Hong Kong enviaban a sus hijos a Norteamérica, Inglaterra y Australia para crear hogares fuera del país. Estos jóvenes estaban muy estresados porque se encontraban bajo una tremenda presión familiar para desempeñarse bien en la escuela, a menudo tenían que inscribirse a cursos que no eran de su elección, en un lugar con una cultura y un lenguaje nuevos.

Había elaborado varias hipótesis sobre las condiciones que yo creía que podían aminorar el impacto del estrés, pero lo que se volvió muy evidente para mí, era que no había tomado en cuenta las prácticas de estos estudiantes. Supe por ellos que muchos utilizaban el Tai Chi Chuan (también conocido como Tai Chi y Taijiquan), el Qi Gong (Chi Kung) y el Feng Shui, así como la filosofía que los acompaña, para ayudarse a afrontar situaciones adversas. Aquellos que utilizaban estas prácticas eran capaces de manejar las presiones de adaptación a una nueva sociedad con mayor efectividad.

Poco más tarde, yo misma me di cuenta del poder de estas prácticas. Tras obtener mi doctorado, estaba trabajando de tiempo completo en un cargo administrativo y de medio tiempo como maestra en una universidad. También había abierto una tienda de ropa y, por ella, estaba involucrada en una compañía de ventas directas. Como se podrán imaginar, yo misma vivía bajo una gran carga de estrés. Mi forma de aminorarla era practicar danza aeróbica, nadar o jugar tenis. Fue después de sufrir una lesión, causada por estas actividades, que descubrí el Tai Chi Chuan. Encontré que el lento y suave movimiento tenía un efecto calmante en mí y le daba más energía, elasticidad y fuerza a mi cuerpo.

En ese entonces, también era psicoterapeuta de medio tiempo; ayudaba a la gente a afrontar los problemas de la vida y las emociones que los acompañan. Había estado usando la psicoterapia y los métodos cognitivos para ayudar a la gente a enfrentarse a la confusión emocional y al estrés, pero nunca había pensado incorporar los conocimientos orientales a mi terapia. Mientras realizaba estas prácticas, descubrí que agregarlas a mi terapia la volvía más efectiva.

A lo largo de los años, he modificado mis métodos de terapia. Ahora utilizo una mezcla de asesoramiento, hipnoterapia, prácticas orientales y filosofía. La hipnoterapia nos ayuda a liberar patrones condicionados de pensamiento que han estado con nosotros desde la infancia. La práctica del Qi Gong, el Tai Chi Chuan y el Feng Shui, con su énfasis en el equilibrio y la armonía, junto con la filosofía taoísta subyacente, enseñan a la gente una manera más relajada de afrontar las situaciones fuertes y emocionales. Entendidas correctamente, las prácticas orientales pueden ser una eficaz herramienta terapéutica.

El uso de estas prácticas se volvió aún más importante para mí cuando estaba intentando vender mi casa. La mayoría de los compradores de casas en Toronto eran inmigrantes de Hong Kong. Mi agente de bienes raíces me dijo que estas personas no consideraban comprar mi casa porque tenía un Feng Shui adverso. En aquel tiempo, yo no sabía qué era eso, pero lo que sí sabía era que tenía mala suerte en esa casa. Mi primer matrimonio terminó en divorcio y tuve reveses financieros mientras viví allí. Finalmente la vendí a compradores no chinos. Más tarde, cuando comencé a estudiar el Feng Shui, me di cuenta de que podía haber hecho muchas cosas para curar diferentes áreas de mi casa, para cambiar la energía de mi espacio vital y de mi vida.

En este libro, el Feng Shui será utilizado como modelo para cambiar la energía de tu vida. También presentaré conceptos útiles del Qi Gong y el Tai Chi, la filosofía del taoísmo, y de mi larga asociación con chinos. Mezclo estos conceptos con herramientas psicológicas modernas para ayudarte a analizar tu vida y lograr el bienestar mental, físico y espiritual que yo llamo dominio del ser.

Feng Shui

El concepto de Feng Shui se asocia principalmente con los chinos. Sin embargo, se pudo haber originado en la India y el Tíbet, desplegándose hacia la China agrícola, donde la armonía con el entorno natural era de primordial importancia. Originalmente, se le llamaba *Kan Yu*, que significa *cielo y tierra*. Este nombre muestra la antigua creencia china de que el mundo no visible influía sobre el mundo manifiesto. Las palabras *Feng Shui* significan *viento y agua*, los cuales, según los antiguos chinos, son los intermediarios principales entre el cielo y la tierra. El Feng Shui se convirtió en el estudio práctico de los principios energéticos de la

Tierra, observando cómo aprovechar mejor la vitalidad que fluye en cualquier ambiente. Más tarde se utilizó para encontrar los sitios más propicios para enterrar a los ancestros, de manera que la suerte de los descendientes continuara por generaciones.

En la época actual, esta tradición se utiliza para mejorar aspectos de la vida tales como los negocios, la prosperidad, la salud y la suerte, moviendo y colocando las cosas de modo que la energía fluya suavemente, sin causar ningún bloqueo.

Existen muchas formas de practicar el Feng Shui. Unas dependen de la dirección y otras no. Hay algunas en las que la ubicación de los objetos cambia según el año y según tu horóscopo en particular.

Muchos de ustedes que hayan sido iniciados en el Feng Shui se pueden haber confundido por los diversos métodos. Se preguntarán cuál es el correcto. Lo más importante que hay que recordar es que todos estos métodos tienen una cosa en común: hacer el mejor uso de la energía de tu entorno. Colocas los objetos de cierta manera y combinas las formas y los colores para crear un ambiente armonioso.

Observemos esto más de cerca. La relación del hombre con su entorno es muy íntima. Sabemos instintivamente si nos gustaría pasar más tiempo en ciertos lugares o no. Nuestro espíritu puede sentir intuitivamente lo que no es percibido por medio de nuestros cinco sentidos. Cuando vivimos o trabajamos en un lugar, creamos el ambiente integrando símbolos que representan quiénes somos. Nuestros mundos externo e interno son un reflejo mutuo; éste es un hecho bien conocido durante siglos por las tribus indígenas, que fue descubierto recientemente en nuestro mundo moderno.

Feng Shui

El Feng Shui es una de las ocho ramas de la medicina china. Las otras ramas incluyen el autocultivo y la meditación, movimientos como el Qi Gong y el Tai Chi, la nutrición, el trabajo corporal y el masaje, la cosmología y la filosofía, la medicina herbal y la acupuntura. Todas tienen en común los mismos conceptos: Tao, Qi (Chi) o energía, la teoría del yin y el yang, los cinco elementos y el bagua (que también se escribe ba gua o pa kua).

El Tao

El Tao es difícil de definir. El primer capítulo del *Tao Te King* nos recuerda que el Tao que se puede decir no es el Tao real. No tiene nombre, sino que se refiere al camino o sendero eterno. La definición clásica es más cercana a la fuerza vital universal o a nuestro concepto de Dios.

El Qi (Chi)

Ahora reconocemos que vivimos en un mundo de energía y vibración. Esta energía invisible, llamada *qi* (chi) por los chinos, *ki* por los japoneses y *prana* por los yoguis, fluye constantemente a través de todas las formas de vida. Las prácticas modernas de la medicina han observado fluir este movimiento energético a través del cuerpo en los siete chakras y en los meridianos de la acupuntura. La Tierra tiene meridianos similares llamados líneas de luz, y otros puntos de energía increíble donde las civilizaciones antiguas erigieron sus templos y monumentos.

Al igual que el Qi Gong y el Tai Chi, que mejoran el flujo de la energía en nuestros cuerpos, el Feng Shui es un arte que estimula el flujo óptimo de la energía en nuestro entorno. Se le ha considerado la acupuntura del ambiente. En estas prácticas físicas, el cultivo del qi refina la energía de nuestra mente y nuestro cuerpo, de manera que podamos acceder a la energía del Espíritu. Algunos practicantes del Feng Shui creen que sólo puede ocurrir un cambio verdadero por medio de prácticas esotéricas y trascendentales, que tienen acceso al mundo invisible más allá de los cinco sentidos. Yo creo que, para alcanzar la maestría, debemos también tener contacto con este mundo visible.

Yin y yang

La comprensión del yin y el yang es crucial para el Feng Shui. El yin y el yang se refieren a dos cualidades de la fuerza energética universal o qi, y se les representa como los polos positivo y negativo. Son tendencias inseparables de esta energía y no pueden existir la una sin la otra. Toda la energía y las formas materiales poseen estas polaridades positiva y negativa, por ejemplo la electricidad. El yin y el yang son polaridades opuestas, pero complementarias. Por ejemplo, la oscuridad es yin y la luz es yang. Las montañas y los valles son pasivos y yin; los ríos y los lagos son activos y yang. La luna es yin y el sol es yang. Para que nuestro entorno esté equilibrado necesitamos tener estas dos cualidades igualmente representadas.

Los cinco elementos

Los taoístas observaron que las interacciones del yin y el yang seguían cinco patrones básicos o cinco fases, que han sido traducidas como los cinco elementos. Los elementos físicos encontrados en la naturaleza expresan simbólicamente el movimiento de estos cinco procesos de energía. Cada uno es asociado a una estación. La energía del agua se asocia a la energía que se hunde, como el agua sumergida bajo el hielo en el invierno, la estación asociada a este elemento. La energía que se expande o retoña, como en la primavera, es la madera. La energía que se eleva o se sostiene en su nivel más alto es el fuego, como el verano. La energía que se solidifica o contrae tras mantenerse en un nivel alto, como el otoño, es el metal. Y la energía estable, como la tierra bajo nuestros pies, es la Tierra, que, como la estación del veranillo de San Martín, provee un hiato entre el final del verano y el otoño. Estos elementos también describen el patrón diario del sol. Se levanta en la mañana (madera o Este), está en su plena fuerza al mediodía (fuego o Sur), mengua en la tarde (tierra o Suroeste), se pone al final de la tarde (metal u Oeste) y se oculta por la noche (agua o Norte). Estos elementos y direcciones son representados en la figura de ocho lados, el bagua.

El bagua

Sobre un terreno, casa o habitación se coloca un mapa llamado bagua para determinar la ubicación óptima de los objetos y símbolos, con el fin de lograr un flujo armonioso de la energía. A pesar de que hay indicaciones de que pudo haber existido desde antes, el bagua como lo conocemos surgió del *I Ching*, llamado *El libro de las mutaciones*, que se conoce en la antigua China desde hace aproximadamente tres mil años. Supuestamente, fue creado por el sabio Fu Hsi, quien estaba meditando en el banco de un río y fue inspirado por las marcas del caparazón de una tortuga que estaba saliendo del agua. Vio que todo el universo estaba representado en estas ordenadas marcas. Descubrió configuraciones de líneas continuas y discontinuas, arregladas en grupos de tres, en todas las combinaciones posibles. Fu Hsi asignó el valor yang a la línea continua y yin a la línea discontinua. Estos grupos de tres, llamados trigramas, simbolizaban todos los aspectos de la naturaleza: el Cielo, la Tierra, el Fuego, la Montaña, el Lago, el Agua Profunda, el Viento y el Trueno. Estos trigramas conforman una figura de ocho lados, u octágono, a la que se le llama bagua.

El uso del bagua

Imagínate este octágono encajando como un mapa sobre tu casa, terreno, habitación e, incluso, sobre un espacio más reducido como tu escritorio. Estos ocho lados representan todas las áreas de tu vida, todos los elementos chinos e incluso tu cuerpo. Si miras de frente el cuerpo humano, observarás que los órganos están acomodados como un bagua, con el corazón en la parte superior (representando el fuego), los riñones en la parte inferior (el agua), el hígado (madera) a la izquierda, los pulmones (metal), de manera figurada, a la derecha, y el bazo en la parte media (representando la tierra).

Otra interpretación del bagua advierte que estos trigramas representan el arquetipo de una familia y vincula a cada miembro de ella con un elemento. En este sistema, la familia se divide como sigue: madre (tierra), padre (metal), hijo mayor (madera), segundo hijo (agua), hijo menor (tierra), hija mayor (madera), segunda hija (fuego) e hija menor (metal).

En este libro observo la forma en que podemos usar el modelo del bagua para analizar nuestra vida, para limpiar los bloqueos que nos impiden ser lo que queremos ser y para crear armonía y equilibrio en nuestras vidas.

Cómo está organizado este libro

Cuando utilizamos el Feng Shui en una casa, primero corregimos la confusión y limpiamos el espacio. Luego la liberamos de toda la energía destructiva y aplicamos una cura con la intención de traer armonía a las vidas de quienes habitan ahí. Del mismo modo, espero que este libro te ayude a aclarar la confusión —viejos hábitos y emociones debilitadoras— de tu vida. Mientras limpias tu vida, te ayudaré a encontrar curas que mejorarán tu camino hacia el dominio del ser.

El primer capítulo se concentra en tu viaje o camino a lo largo de la vida. Esta área se relaciona con tu carrera, pero, más que eso, con qué tanto estás en contacto con tu propósito y cómo estás fluyendo a través de la vida.

El segundo capítulo observa las relaciones con los amigos, la familia, el cónyuge o la pareja. Esta área del bagua se encarga de las sociedades y asociaciones cercanas, ya sean por matrimonio, familia, amistades o negocios.

El tercer capítulo observa las relaciones con tus padres o familiares mayores. Esta sección sondea tu relación en cuanto a qué ocurrió antes de ti, tus ancestros y la historia o las raíces que son importantes para ti.

El cuarto capítulo se encarga del área de la riqueza y los dones. Tiene que ver con la habilidad para atraer las bendiciones y la buena fortuna.

El quinto capítulo trata sobre el Tai Chi, el centro del bagua. Esta área representa la salud y se trabaja cuando todas las demás han sido aclaradas y se encuentran en armonía.

El sexto capítulo aborda el área de los benefactores o mentores. Conoceremos maneras de identificar o atraer gente que te ayude, así como las formas en que tú puedas ayudar. Estos benefactores pueden ser personas o acciones que parezcan provocadas por ángeles. Ésta es el área del bagua que también se relaciona con los viajes.

El séptimo capítulo se encarga de tu creatividad y de las cosas que produces. También incluye a los hijos. Veremos cómo vivir con regocijo, la expresión abierta de la creatividad y diversas formas de apoyar el crecimiento de tus hijos.

El capítulo octavo proporciona las herramientas para conocerte mejor o para mirar en tu interior. Examinaremos cuánto tiempo tomamos para entendernos realmente y para conectarnos con el Espíritu.

En el capítulo noveno exploraremos formas para ser conocidos por los demás, no en el sentido de ser famosos, sino en el sentido de ser luz e inspiración para los otros.

Los números que he elegido para cada capítulo también corresponden a los números que se les dan a estas áreas del bagua. Cada uno tiene un trigrama y un elemento relacionado con él. Comenzaré cada capítulo explicando el significado con trigrama. Existen ocho trigramas y el Tai Chi al centro. Conforme vemos los asuntos que surgen para todos nosotros y que nos causan bloqueos, les contaré sobre los obstáculos que he encontrado en mi propia vida y cómo los he superado con la ayuda de los principios orientales y la filosofía taoísta subyacente. Espero que estas revelaciones te ayuden.

Aunque este libro no explica en detalle la práctica del Feng Shui, te daré algunas sugerencias de esta disciplina para el área del bagua de tu casa y te diré dónde se localiza. El Feng Shui tradicional asigna un punto cardinal a cada trigrama. Todas las ramas del Feng Shui creen que la intención de la persona que hace los cambios en su entorno es crucial para que la energía se modifique.

Ya que mezclo los métodos occidentales y orientales, incluyo prácticas psicológicas que te ayudarán a solidificar tu intención de realizar cambios poderosos en tu vida. El uso de las afirmaciones y las visualizaciones es muy importante. En la siguiente sección te daré una breve descripción de ambas técnicas y de la teoría que hay detrás de ellas.

Afirmaciones y visualizaciones

Las afirmaciones o autosugestiones son las sugerencias que nos hacemos a nosotros mismos para cambiar viejas conductas. Las visualizaciones son los cuadros mentales que creamos para vernos de manera distinta. Al comprender el efecto que la mente tiene en el cuerpo, estas técnicas son extremadamente importantes para cambiar nuestro pensamiento condicionado.

Antes de explicar cómo utilizar estas técnicas, es importante entender lo que sabemos sobre cómo funciona la mente subconsciente.

Nos convertimos en lo que pensamos

Parece ser que el cerebro y el sistema nervioso son influidos por las imágenes mentales. Aquello en lo que hemos pensado, desde que éramos niños, tiende a ser cómo vemos la vida. Lo que nos ha dicho una figura de autoridad repetidamente y con mucha emoción, se queda con nosotros. Es así como ocurre la programación negativa. Escuchamos estas cosas tan a menudo que se convierten en las lentes a través de las cuales vemos la vida.

Nuestros patrones de pensamiento influyen en nuestra conducta

Nuestras acciones se ven influenciadas por la perspectiva que tenemos de nosotros mismos y de las situaciones que nos rodean. Si actuamos de una forma que aleja a las personas, es porque hemos aprendido, por medio de nuestra educación, que no se puede confiar en la gente y que nos lastimará acercarnos a ella. Por otro lado, si somos abiertos y confiamos, hemos aprendido, por medio de la interacción cariñosa con la gente, que sí se puede confiar en algunas personas.

La mente subconsciente es más poderosa que la razón

Todos hacemos cosas que sabemos que no son buenas para nosotros. Nos percatamos de que lo que está impreso en la mente subconsciente tiene mayor influencia en nuestros actos que las ideas racionales. Lo que hemos aprendido sobre nosotros mismos y la conducta de nuestros primeros años está tan fijado que, aunque intentemos cambiar, siempre somos atraídos hacia los mismos patrones. Sabemos que queremos cambiar, pero la conducta destructiva parece estar fuera de nuestro control.

La única forma de reemplazar un hábito es ser consciente de él

Nuestra conducta es a menudo inconsciente. Ni siquiera la cuestionamos, a menos que nos dañe a nosotros mismos o a otros. El primer paso es ser conscientes de lo que estamos haciendo. Las prácticas orientales nos hacen enfocarnos en nuestro interior y volvernos conscientes de lo que ocurre en nuestros cuerpos y cómo se conectan los patrones emocionales con ellos.

Cuando una idea es aceptada, permanece hasta que otra la reemplaza

Mientras más tiempo hemos actuado de una manera, más difícil es cambiar nuestra conducta. "Es difícil enseñar trucos nuevos a un perro viejo", dice el dicho. Sin embargo, todas las conductas se pueden modificar reemplazando los patrones limitantes de pensamiento con otros nuevos. Los pensamientos controlan nuestra conducta. Trabajar en cambiar los pensamientos por medio de afirmaciones y visualizaciones producirá una nueva conducta.

Cada pensamiento crea una reacción física

Los pensamientos influyen en nuestros cuerpos al cambiar constantemente el balance químico. Por ejemplo, es bien sabido que la preocupación constante por un periodo largo provocará úlceras.

El cuerpo reacciona constantemente a las ideas que tenemos y si estas ideas son de preocupación, duda, miedo o enojo, provocamos una respuesta de estrés. Si los convertimos en pensamientos positivos, enviaremos sustancias químicas saludables a través de nuestro cuerpo. En este libro, trabajamos en cambiar los pensamientos.

Cada sugestión ejecutada crea menos oposición a las sugestiones posteriores

Por medio de las afirmaciones te haces sugestiones conscientes a ti mismo que están encaminadas a cambiar tu conducta. Descubrirás que, al comenzar a actuar a partir de estas sugestiones, tendrás menos resistencia a ellas. Comienza con sugestiones simples y luego hazlas más complicadas. Conforme las cosas comiencen a transformarse en tu vida, como resultado de estas sugestiones, será más fácil cambiar otras conductas.

Reglas de las afirmaciones

Usa el tiempo presente

Siempre hazte la sugestión como si ya la estuvieras llevando a cabo. Por ejemplo, Emile Conté Coné, pionero en el poder del pensamiento positivo, inventó la afirmación, traducida del francés: "Día a día, en todas las formas, soy cada vez mejor". Esto imprime en la mente subconsciente el movimiento progresivo hacia el estado de felicidad.

Sé positivo

Siempre expresa lo que quieres hacer, no lo que no quieres hacer. Tu mente ya ha sido bombardeada con sugestiones negativas, de manera que siempre debes frasearlo todo en la forma en que te gustaría que ocurriera; por ejemplo: "Duermo bien por las noches", en lugar de "No me quedo despierto toda la noche".

Sé específico

Elige algo específico que desees y cómo lo quieres. No agrupes las cosas, pues esto confundirá a la mente subconsciente. Por ejemplo, di: "Tengo una relación perfecta en mi vida", en lugar de "Tengo la relación perfecta, perdí diez kilos y duermo bien por la noche". Afirma una cosa a la vez.

Sé detallado

Mientras más detalles uses en tus autosugestiones o afirmaciones, más reales se tornarán para la mente subconsciente. Usa detalles que describan con exactitud cómo serán las cosas cuando tengas lo que estás afirmando; por ejemplo: "Estoy en equilibrio, calmado y confiado cuando me paro frente a una multitud y doy un discurso", en lugar de "Soy un excelente orador".

Afirma la actividad

Usa sugestiones que describan acción más que habilidad. Por ejemplo: "Me intereso por la gente que me rodea", más que "Doy afecto".

Usa palabras emotivas y excitantes. Emplea palabras como "vibrante, poderoso, emocionante, placentero", pues la mente subconsciente parece responder mejor a palabras que denotan sentimientos.

Sé realista

Utiliza afirmaciones que estén en el reino de lo posible. Yo creo que todo es posible, pero tienes que lograrlo poco a poco. Por esto, haz tu afirmación acerca de algo que puedas lograr pronto, y luego cambia las afirmaciones sobre la marcha. Por ejemplo, una afirmación para alguien que esté intentando bajar de peso tendría más sentido si la persona sugiere que está perdiendo un kilo y medio o dos kilos a la semana, que quince kilos en dos meses.

Es mejor para la mente subconsciente saber que puede obtener resultados.

Personaliza

Haz todas las autosugestiones o afirmaciones sobre ti mismo y tus actividades, en lugar de tratar de cambiar a alguien más. A menudo intentamos provocar cambios en nuestros hijos o nuestro cónyuge, pero no tenemos control sobre ellos.

Hazlo con emoción

Mientras más emoción infundamos a estas sugestiones, más se imprimen en nuestra mente subconsciente. Al decir la sugestión, realmente siente que logras el resultado deseado.

Hazlo con actividad

Al hacer tu sugestión, afirma la actividad que te conduciría al resultado deseado. Por ejemplo, di: "Estoy escribiendo tres páginas al día", en lugar de "Soy escritor".

Escríbela

Cuando hayas formulado una afirmación, escríbela, de manera que puedas verla. Mientras más sentidos involucres, más real se torna tu afirmación para la mente subconsciente.

Dila en voz alta

Al decirla en voz alta, también incluyes escuchar lo que quieres que ocurra. Es mejor no decirla cerca de gente que no te apoye, pues a menudo cuestionarán la validez de lo que estás haciendo y comenzarán a hacerte dudar.

Trata de creer que es posible.

Aunque el resultado deseado esté muy alejado de lo que siempre has tenido en la vida, todo es posible. Al sentir eso, podrás imprimir en tu mente subconsciente que es cierto.

Reglas de la visualización

Imágenes

Por lo que sabemos sobre formar una impresión en la mente subconsciente, mientras más vívida sea la imagen de lo que estamos intentando traer a nuestra vida, quedará impreso con mayor efectividad en la mente subconsciente y comenzaremos a producirlo en nuestras vidas. Lo que debemos imaginar es una escena que represente haber logrado lo que queremos y hacerlo tan real como sea posible, entrando en contacto con el regocijo de estar ahí. A veces pensamos que sabemos exactamente qué es lo que queremos, pero, cuando llega a nosotros, no nos provoca lo que habíamos esperado. Lo mejor es concentrarse en la esencia o los sentimientos que queremos tener e imaginarnos teniendo esos sentimientos. Puedes crear el sentimiento deseado antes de que el suceso ocurra.

Símbolos

Por lo que sabemos de la mente, ésta registra nuestra experiencia en símbolos, de modo que, para poder comunicarnos con ella, es bueno imaginar lo que quieres en símbolos. Por ejemplo, si estás pensando en comenzar un negocio, piensa en algo que para ti simbolizaría ese negocio y pon la imagen en tu mente.

Siente amor por tu creación

Concéntrate en los buenos sentimientos que tienes por lo que estás visualizando y en lo bien que te sientes por ello. Piensa si es algo que le puede servir a la gente, mientras mejor te sientas con la escena que construiste, más proyectarás esos sentimientos.

Concentración

Al concentrarnos y evocar constantemente nuestra imagen mental, atraemos magnéticamente lo que queremos.

Permanece en paz

La parte más importante de este proceso es estar en paz. Si comenzamos a introducir la duda en lo que estamos haciendo, detenemos el proceso. Este libro presenta muchas prácticas para ayudarte a permanecer en paz. Una vez que hayas decidido lo que quieres, habrás plantado la semilla. Debes saber que lo que quieres se manifestará, así que aléjate del resultado. Esto es lo que los taoístas llaman no-apego, descrito en el Capítulo 8.

Reemplaza una palabra con un sentimiento

De la misma forma en que usas un símbolo, puedes usar una palabra que programes para que te brinde ciertos sentimientos. Por ejemplo, cada vez que pienses en la palabra "árbol", siéntete pacífico y en calma, acostado bajo un árbol, con el sol sobre tu cuerpo o con una suave brisa acariciando tu rostro.

Usa el tiempo justo antes de ir a la cama y cuando te levantas

El tiempo en el que estamos más en contacto con nuestra mente subconsciente y, por lo tanto, más sugestionables, es justo antes de dormir y cuando despertamos por la mañana. Es el tiempo cuando nuestras visualizaciones y sugestiones serán más aceptadas.

Hazlo simple

La parte más importante de esto es hacerlo fácil y sin esfuerzo. Mientras más simple y sencillo sea este proceso de visualización y afirmación, más efectivamente trabajará.

Sé consciente de estas poderosas herramientas mientras realizas los ejercicios que se encuentran al final de los capítulos de este libro.

Tigrama del viaje

El primer trigrama es una línea yang continua en medio de dos líneas yin discontinuas. En términos de la familia arquetípica, representa al segundo hijo. La palabra china para esto es *kan*, y significa *agua profunda*. En esta agua profunda sondeamos nuestro interior en busca de significado para la vida. En un sentido, esta área representa nuestra carrera, pero es más que eso, es el camino o viaje recorrido a lo largo de la vida, la forma en que gobernamos nuestro curso. Como en el buen Feng Shui, cuando procedemos paso a paso, más misterios nos son revelados.

Aquí está el área donde buscamos nuestro propósito o destino. Debido al elemento del agua, el flujo y reflujo de la vida se ven acentuados. Los colores que se representan aquí son el negro o el azul oscuro, como las profundidades del océano. Se encuentra en el lado norte de tu casa.

En el bagua, el trigrama del viaje está opuesto al trigrama de la fama o reputación, y ambos están estrechamente relacionados. Es la forma en que conduces tu camino por la vida lo que te permite ser la persona que los demás conocen. En este capítulo veremos cómo nos embarcamos en nuestro viaje, cómo estar en el flujo, encontrar el propósito en nuestra vida, enfrentarnos al cambio y ver la vida como un círculo.

Embarcarse

Para viajar es necesario embarcarnos. Al hacerlo, nos vamos a algún lugar y volvemos en una fecha posterior. Nuestras experiencias nos ayudan a convertirnos en una persona distinta.

El viaje de las personas a lo largo de la vida es muy similar entre unas y otras. Vamos de experiencia en experiencia, y cada una de ellas nos permite cambiar. Interpretamos algunas vivencias como malas y otras como buenas. El impacto que tienen en nuestra vida nos permite ver las cosas de manera distinta.

Si vemos la vida como una escuela, estamos invirtiendo en educación, aumentando nuestro conocimiento mientras vamos por ahí. Unos cursos parecen ser más difíciles que otros, pero todos nos ayudan a crecer y a evolucionar.

Al embarcarnos en este viaje hacia el mejor conocimiento de nosotros mismos, somos conscientes de lo que hemos aprendido hasta el momento y evaluamos su significado para poder continuar el camino con una nueva conciencia. Sentimos que el camino en el que estamos es especial, que tiene nuevas reglas y un nuevo entendimiento. Quizá no sepamos con exactitud en qué es diferente, pero tenemos la certeza de que lo es.

Un primer paso importante es evaluar todas las partes de nuestra vida para lograr avanzar en el viaje, pues representa un tiempo crucial para la propia transformación personal. Los textos metafísicos de todas las culturas, señalan al tiempo que vivimos como propicio para un cambio en la conciencia. No importa por lo que hayas pasado para llegar a este punto. Sólo importa cómo procedas de ahora en adelante.

Puedes haber estado en lugares donde no querías estar psicológica, emocional o financieramente, incluso podrías continuar estancado en dichos sitios. No tienes por qué permanecer ahí. Puedes liberarte y moverte a través de esos bloqueos hacia una vida más plena y abundante. Vivimos todo el tiempo en el proceso de movernos hacia adelante.

Concentrémonos en el elemento del agua. Considera su movimiento y observa cómo fluye de un lugar a otro. Si alguna vez has visto el flujo de una corriente, verás que es difícil contener el agua en un solo lugar. Sigue corriendo. Puede haber obstáculos en el camino, rocas y presas, pero ella siempre encuentra el modo para atravesarlos. El agua puede ser muy suave pero persistente, y desgasta todo lo que encuentra a su paso.

Continuando con la metáfora del agua, unas veces es como un torrente y otras como un chorrito, y otras más apenas se mueve, como en el invierno, cuando está debajo del hielo. Sólo es necesario saber que el agua tiene el potencial de una marejada.

Tú tienes el mismo potencial. En este momento tu vida podría estar operando al nivel de un chorrito, o podrías estar en reposo, esperando que algo te ponga de nuevo en movimiento. Sólo debes saber que, en cualquier etapa que te encuentres, las cosas cambiarán. Si las aguas se están moviendo con la fuerza de un huracán, habrá un momento en que se tranquilizarán. Cada etapa está allí por una razón.

Cuando dejé Canadá para venir a Estados Unidos, fue un tiempo en que las cosas parecían estar fuera de control. Por alguna razón, mi vida entera se había fracturado. Estaba en desacuerdo con el liderazgo autocrático de un nuevo decano de mi departamento en la universidad. Amenazado por este desacuerdo o, en sus palabras, insubordinación, me despidió de mi trabajo administrativo, aunque continué dando clases en otro departamento de la universidad.

Al mismo tiempo, perdí dinero en una compra de tierra, mi ex esposo dejó de mantener a mis hijos y no me iba bien en mi negocio. La presión de todas estas cosas provocó dificultades con mi pareja en aquel tiempo, que es ahora mi esposo. Estos retos me forzaron a evaluar mi vida y avanzar en otra dirección. Terminé en Florida realizando mi trabajo actual. Si estas cosas no hubieran ocurrido, me podría haber estancado y rehusado a seguir adelante, pero ocurrieron, y no tenía elección.

En ocasiones podemos quedarnos atrapados en nuestras experiencias, e igual que Ulises en *La Odisea*, detenernos en ciertos lugares sin deseos de continuar. Ya sea porque nos sentimos cómodos en estos sitios o porque no sabemos cómo salir de allí. Si vemos nuestras experiencias como rocas o como un sendero recto que mueve nuestra corriente, podemos evaluar nuestra vida desde una perspectiva que nos haga más fácil el viaje. Lo primero por recordar es que, en ocasiones, para llegar al flujo de la vida necesitamos chocar contra rocas que parecen imposibles de rodear. Cuando pienso en mi vida en ese tiempo, descubro que si no hubiera sido forzada a afrontar los obstáculos, quizá los habría mantenido en mi camino. Si me hubiera concentrado en lo que parecían dificultades insuperables, tal vez no hubiese encontrado la fuerza para avanzar. En cambio, mientras me movía con la corriente de mi vida, sentía algo más grande que yo apoyándome en el camino.

Para poner esto en una perspectiva espiritual, imagina que eres una gota de agua en el océano. Tienes todas las características del océano, contienes todo lo que el océano contiene, pero sólo eres una pequeña parte de él. Ésta es la parte que representamos en el esquema universal de las cosas. Tenemos todas las características del universo entero, pero sólo somos una pequeña parte de él. El universo no existe fuera de nosotros. Somos una parte de él como la gota lo es del océano, y necesitamos la conexión con el universo tanto como la gota de agua necesita al mar. No podemos existir sin él por mucho que lo intentemos.

Me gusta imaginarme como una corriente destinada a volverse parte de un cuerpo mayor de agua. Éste es nuestro camino como viajeros de la tierra: encontrar ese destino y volvernos parte de un cuerpo de agua más grande. Si yo no me hubiese encontrado con tantas adversidades, quizá no habría buscado mayor espiritualidad en mi vida. Todas nuestras experiencias terrenales están encaminadas a ayudarnos, como las gotas de agua transitan a lo largo del camino para unirse con el océano. Aunque te quedes atrapado con otras cosas, sólo recuerda que el objetivo principal de la vida es superar los obstáculos y permanecer en el flujo.

Permanecer en el flujo

Una de las diferencias principales entre la visión occidental y la taoísta es que en Occidente vivimos en el futuro. Establecemos metas por las que nos esforzamos y, en muchas ocasiones, nos concentramos más en el futuro que en el presente. Nuestras mentes están girando con pensamientos del pasado o del futuro y muy rara vez nos centramos en el hoy.

¿Cuántas veces has ido a algún lugar en tu auto, sin recordar cómo llegaste ahí? Con frecuencia estamos tan preocupados que no observamos lo que hay a nuestro alrededor. Estar en el flujo es la manera taoísta de vivir el momento, no en el futuro. ¿Cómo justificamos vivir en el flujo cuando se nos dice que debemos fijar metas y tener planes específicos para nuestra vida?

El *Tao Te King* dice que "un buen viajero no tiene planes fijos". Esto nos recuerda que debemos tomar nuestras decisiones y elecciones no con base en un horario, sino de acuerdo con la información que recibimos intuitivamente a cada momento. Vivir en el flujo significa confiar en que el universo te envía mensajes y seguirlos para crear tu camino. Una imagen que es recomendable tener en mente es la de moverse suavemente en un barco, con el flujo de la corriente, sin preocuparnos por dirigirlo, estar abierto a ir hacia donde te lleve.

¿Cómo reconciliamos esto con la fijación de metas? Es cierto que la gente que fija metas tiene más control sobre lo que ocurre en su vida. También es importante saber que podría haber un plan incluso mejor para tu vida y, si estás tratando de forzarte para llegar ahí de una manera específica, podrías estar moviéndote contra tu propósito último. También hay mucha gente que tiene propósitos muy específicos que quieren cumplir y se mueven hacia ellos en contra de todos los obstáculos, para descubrir que, después de todo, no es ahí a donde querían llegar. Obtuvieron el empleo o el estilo de vida de sus sueños sólo para encontrar que eran una ilusión vacía.

Tengo muchos clientes cuyas profesiones son buenas y ganan salarios excelentes, pero no son felices. Desde que eran niños se les dijo que debían luchar por practicar la profesión elegida. Hacen lo que se les dice pero descubren que les falta algo. Durante mucho tiempo estuvieron concentrados en esa meta y a menudo se alejaron de oportunidades que se les presentaban. Ahora, al mirar atrás, desearían haber elegido otro camino. Saben que perdieron otras oportunidades que los hubieran hecho más felices.

Por otro lado, hay gente que se sienta y no hace nada, esperando que las cosas ocurran, y así pasa toda su vida. Lo que necesitamos lograr es el feliz equilibrio entre estas dos actitudes: permitir conectarnos con los sentimientos del momento y tener algún tipo de metas para nuestra vida. ¿Cómo hacemos esto?

Me parece que la clave es que tenemos una idea de adónde queremos ir pero no sabemos cómo vamos a llegar ahí. Es importante conocer la sensación que quieres tener una vez que has llegado a tu objetivo, pero no estar apegado rígidamente a cómo vas a lograrlo.

Si en realidad tenemos un propósito superior o hay un plan divino para nuestras vidas, ¿cómo nos conectamos con él? Aquí es donde usamos las prácticas orientales para hacer que nuestras mentes disminuyan su velocidad y nos ayuden a reconocer las pistas que hay alrededor. El universo constantemente nos envía mensajes, ya sea en forma de eventos que ocurren a nuestro alrededor o con gente que llega a nuestra vida en el momento preciso. Estas pistas también pueden venir en palabras que leemos o escuchamos de alguien justo cuando lo necesitamos.

¿Cómo podemos vivir esto cotidianamente, siempre buscando la sincronía de las situaciones, sin quedarnos atrapados en el drama de nuestro entorno? Debemos saber cuándo movernos y cuándo quedarnos quietos y escuchar. Incluso cuando todo está girando a tu alrededor, debes ser capaz de ir a tu interior y revisar tus sentimientos. Tus sentimientos más profundos te harán saber si lo que estás haciendo se siente bien o no. Al revisar estas emociones, te conectas con la intuición y la guía que son el vínculo con tu ser superior, esa parte de ti que posee todas las respuestas para tu vida desde una perspectiva más alta.

Creo que estas respuestas se pueden encontrar al enfocarse con tranquilidad en el presente, pero estamos muy asustados de permanecer quietos y no hacer nada. Desde que fuimos niños, nuestra cultura nos enseñó a estar siempre activos y a planear el futuro. Enseñamos a los niños a correr locamente, a saltar de actividad en actividad, sin saber que tienen otra opción.

En realidad, el presente es el único tiempo en el cual podemos estar. ¿Cuántas veces te has sentado en la quietud de la naturaleza y dejado que todo se aleje de tu mente? ¿Qué pasaría si te tomaras un día libre y simplemente te sentaras, sólo consciente de lo que ocurre en el presente?

Si has hecho esto antes, sabes que una vez que abandonas la ansiedad de no hacer las cosas comienzas a advertir sucesos que nunca antes habías visto. Quizá nunca has notado el color y la textura de lo que te rodea.

Al sentarte, comenzarás a tener impulsos internos o pensamientos intuitivos sobre ciertas situaciones de tu vida. Si sigues estas corazonadas, quizá conozcas a alguna persona que te enseñe algo que podría cambiar tu vida. Podrías obedecer un impulso de escribir, pintar o crear algo que, al final, transforme tu carrera. Vivir en el presente te ayudará a conectarte con tu propósito.

Encontrar el propósito

Al vivir en el presente y permanecer abiertos a las situaciones y claves que nos proporciona el universo, tendremos la impresión de que existe cierta forma en la que hemos de vivir nuestra vida. Ése es nuestro propósito. ¿Cómo sabemos que estamos en el camino correcto hacia la expresión de ese propósito? He aprendido que primero hay que pasar por el proceso de ensayo y error, antes de encontrar el camino sencillo. Incluso entonces, lo que parece ser el camino equivocado nos ayuda a comprender mejor el proceso de la vida.

En mi propia vida, la ruptura que me alejó del trabajo seguro y me llevó al mundo exterior, sin estar segura de lo que iba a hacer, representó entonces un fracaso. Hoy, al hacer una retrospectiva, sé que necesité ese periodo de incertidumbre e inestabilidad para evaluar y darme cuenta de lo que realmente quería hacer.

Aprendí que la vida no siempre es directa y que iniciamos muchos caminos antes de encontrar aquel que nos acomoda, el que fluye suavemente, esto es parte del proceso. Encontrar el propósito se relaciona con cómo pasamos nuestro tiempo cada día y cómo influimos o tenemos un impacto en el mundo. Para algunos de nosotros no tiene nada que ver con la carrera, pero para la mayoría nuestro camino profesional se relaciona mucho con ello. Cuando perdí mi trabajo, comencé a pensar en las cosas que me gustaba hacer cotidianamente y descubrí que estas búsquedas, como el estudio de la filosofía oriental, realizar prácticas orientales, enseñar y aconsejar a la gente, se podían combinar en una carrera. Sin embargo, reconocí que todas las actividades que realicé en el pasado me proporcionaron experiencias importantes que podían ser incorporadas a lo que hago actualmente.

Como mucha gente, encontré mi camino por medio de una ruta tortuosa. Tras graduarme de la universidad, decidí que no quería hacer lo que todo el mundo estaba haciendo, es decir, dar clases en preparatoria. Terminé trabajando en una compañía de seguros y encontré que el trabajo era interesante pero no fascinante. Pagaba pólizas y había mucha gente que hacía reclamos de invalidez por todo tipo de problemas. Para desaliento de la compañía, me involucré en los problemas de la gente y me convertí en su portavoz demandando el pago de los reclamos. Fue entonces cuando comencé a darme cuenta de que mi interés real estaba en la gente y sus problemas. También notaba que en muchos de nuestros sistemas las personas son tratadas como una estadística y no como individuos que poseen retos en sus vidas. Dejé este negocio cuando me embaracé de mi primer hijo.

Cuando mis hijos estaban creciendo trabajé como voluntaria con diferentes grupos y confirmé mi interés en el trabajo por la gente. Me involucré particularmente con el Centro de Angustia, ayudando por teléfono a las personas con sus problemas. Fue entonces cuando me dí cuenta de que había muchos hombres y mujeres solos y desesperados, pues este servicio proporcionaba una línea de vida, en especial para los suicidas. Comencé a pensar cómo los patrones de pensamiento de las personas pueden influir tan negativamente en sus vidas. La gente que contemplaba el suicidio sentía que no tenía otro recurso y que ésta era la única salida. Aun con el limitado conocimiento que tenía en aquel tiempo, trabajé con toda la disposición para ayudarlos a abandonar los patrones debilitantes de pensamiento, así, desde otra perspectiva, podrían encontrar esperanza en lugar de devastación. A lo largo de los años, esto me ha señalado la importancia de la enseñanza básica del bagua del Feng Shui, en el sentido de despojarse de los viejos bloqueos para equilibrar todas las áreas de la vida.

Mi siguiente trabajo voluntario fue con personas de culturas distintas, había indios nativos, indios occidentales, asiáticos y europeos que entonces vivían en Toronto, Canadá. Me percaté de que la gente tenía muchas formas de ver e interpretar la misma cosa, cada quien influido por el filtro cultural a través del cual veían. Lo que se volvió evidente fue que algunas personas piensan que su forma de ver las cosas es la única y la verdadera, al encontrar oposición confrontan a los que piensan de otro modo. En respuesta a la violencia racial perpetuada por ese tipo de ideas y actitudes, el comité para el que yo trabajaba se había establecido en Toronto con el fin de ayudar a la gente a comprender y ser tolerante con los miembros de otras culturas. El racismo y la intolerancia también son patrones de pensamiento y, en este trabajo voluntario, ayudé a la gente a entender sus propios prejuicios.

La experiencia vivida en este trabajo me llevó a recordar la universidad, donde estudié una combinación de asesoría y estudios multirraciales, que me condujo a trabajar con los estudiantes chinos. A pesar de que ya estaba encaminada en el sendero de la actividad con la gente, y en especial con la de otras culturas, aún me desarrollaba en otras cosas. Tenía una tienda de ropa por mi amor a la moda y por medio de ella me involucré con una compañía de mercadeo multinivel de productos para el cuidado de la piel; me encargaba de la administración, daba asesorías e impartía clases en una universidad. Realizaba todas estas actividades con la esperanza de juntar el dinero suficiente para ser libre e independiente. El resultado final fue que terminé persiguiendo tantas cosas a la vez, que no obtuve el resultado esperado, entonces necesité tomar más trabajos para pagar todos los compromisos en los que me había involucrado.

De esto aprendí que hacer cosas por dinero a veces te aleja de tu propósito. El camino que perseguimos es nuestro propio nicho en el mundo y si sólo buscamos dinero, será más difícil llegar a ese lugar único. A menudo hacemos cosas que no nos apasionan verdaderamente, y nos comprometemos con el pretexto de que cuando llegue el dinero haremos lo que deseamos hacer. Forzamos algo que no es compatible con nuestro propósito y a la larga descubrimos que, incluso si el dinero llega, no nos satisface en un nivel profundo.

He conocido a muchas personas que finalmente tuvieron éxito en lo que pensaban que querían hacer y el dinero está allí, pero, de cualquier manera, se sienten insatisfechas. Diversos estudios han comprobado que los problemas emocionales en la gente mayor se relacionan con el arrepentimiento de no haber tomado oportunidades que se les presentaron durante la juventud. Todos tenemos nuestro propósito, pero algunos nos perdemos en el camino. Nuestra naturaleza humana nos hace muy difícil recordar por qué estamos aquí. Ocasionalmente tenemos sensaciones, nociones e intuiciones que nos empujan hacia ciertos caminos, pero a menudo estamos demasiado ocupados para ponerles atención.

Así, nuestro propósito es encontrar ese camino único en la vida. ¿Cómo sabemos cuándo estamos en él? Cuando nos movemos en armonía con nuestra pasión. Cuando nos levantamos cada día y somos felices con lo que hacemos. Estar en el camino es moverte con sincronía e impulso interior, sentir que las cosas fluyen. Cuando parece que luchamos demasiado y las cosas no avanzan, significa que estamos trabajando en contra de nuestro propósito. Pasamos demasiado tiempo en el trabajo, si no disfrutamos lo que hacemos, la esperanza de encontrar la felicidad se desvanece.

Cuando les pregunto a mis clientes durante la terapia si realmente hacen lo que desean, a menudo responden que no, pero que lo tienen que hacer por dinero. Comprendo este modo de pensar porque, como describí antes, yo misma he actuado así. Lo que necesitamos es crear pensamientos que afirmen que podemos hacer todo lo que queremos, después abandonar el miedo y tener la certeza de que el dinero provendrá de estas actividades. Tengo la esperanza de que cuando completes este círculo del bagua serás capaz de clarificar y modificar algunos de tus viejos hábitos de pensamiento y los condicionamientos que te impiden estar en el camino de tu corazón.

Esta parte del bagua representa tu carrera, pero también tu viaje a lo largo de la vida. Lo que buscamos es un camino suave que fluya como el agua, moviéndose alrededor y sobre los obstáculos, pero siempre avanzando hacia nuestro destino final, que es la iluminación, o dicho de otra manera, conocer realmente el propósito de tu alma. Al avanzar debemos ser conscientes de que la vida es la perpetua adaptación al cambio.

El cambio

Para aclarar los bloqueos en todas las áreas de nuestra vida necesitamos tener presente que la vida siempre está cambiando, así como el agua tiene un constante flujo y reflujo. El *I Ching*, conocido como *El libro de las mutaciones*, se formó con todas las posibles combinaciones de los ocho trigramas, de allí resultaron 64 hexagramas. El significado de los hexagramas se convirtió en la base de las antiguas enseñanzas que nos recuerdan que la vida siempre está en un estado de flujo. Los antiguos chinos veían el cosmos como una constante interacción de dos fuerzas complementarias, yin y yang.

Dos vertientes principales de la filosofía china, el taoísmo y el confucianismo, ambas influidas por el *I Ching*, nos enseñan a encontrar "el camino del medio", que significa buscar la armonía en la incertidumbre del cambio. Debes prepararte para ejecutar las modificaciones necesarias en cualquier momento de tu vida y permanecer en un estado de armonía y equilibrio.

Esto me recuerda cuando aprendí sobre la "disonancia cognitiva", una teoría psicológica que dice que si algo que ocurre en tu vida no tiene sentido según tu sistema de creencias, cambiarás la situación para poder estar en armonía con tus creencias o cambiarás tus creencias. En esta perspectiva oriental, el equilibrio que buscamos está en el momento presente, basado en la información que poseemos.

Esto significa que en cualquier momento puedes tomar decisiones inmediatas sobre adónde ir y qué hacer. En términos psicológicos modernos, en Occidente tendemos a tomar decisiones a partir de la lógica pura y de un proceso racional. Por el contrario, cuando somos guiados por la intuición y el conocimiento interior, aprendemos a ser perceptivos con el entorno y con la información que se nos presenta en el ahora.

El *I Ching* asume que el mundo como lo vemos es un reflejo de una realidad subyacente, que todas las cosas están conectadas y se encuentran en un proceso de transformación continua. Según el pensamiento taoísta, budista y confucianista, el Cosmos está en movimiento permanente, cada partícula se transforma en relación con las otras, sincronizadas en tiempo y espacio, sin ningún otro momento más que el presente. Carl Jung, quien estudió exhaustivamente el *I Ching*, acuñó el concepto de sincronicidad, que significa "coincidencias significativas" y se presentan cuando obtenemos indicios de esta realidad subyacente o mensajes del universo.

En Occidente nuestro concepto usual del tiempo es que es lineal, una línea recta que va del pasado al presente. La perspectiva oriental ve al tiempo como circular, con el pasado y el futuro en un estado permanente de interacción. Las influencias del pasado han creado la situación presente, que tiene las semillas de los eventos que se desarrollarán en el futuro.

¿Qué significa esto para nosotros? Significa que el cambio es inevitable y que podemos manejar la vida con mayor facilidad si vivimos en el presente. A menudo tratamos de mantener las cosas como están y detenemos el avance en nuestras vidas, perdemos oportunidades valiosas que podrían abrir otros caminos sólo si estamos dispuestos al cambio.

Nos acostumbramos a sobrellevar las cosas como están y nos apegamos a ellas; esto crea bloqueos en nuestra vida. Del mismo modo, si suprimimos las emociones, creamos bloqueos en nuestro cuerpo. Si nos asimos al desorden, creamos bloqueos en nuestro entorno.

Ya es tiempo de estar dispuesto a moverte con el cambio, aunque no sepas con exactitud adónde te llevará, confía en que serás capaz de manejar todo lo que venga. Nos descorazonamos o desilusionamos cuando estamos sujetos o apegados al resultado de una situación. Si permanecemos abiertos, aceptamos todo lo que consideramos apropiado para la situación y avanzamos con el flujo de la vida.

Cuando permitimos el cambio, dejamos que la vida avance, realizamos acciones sin engancharnos con los resultados, porque sabemos que hay algo más allá de nuestro entendimiento y que por lo tanto, no tenemos la perspectiva general.

Aprendemos a no juzgar una situación porque desconocemos la verdad subyacente, de modo que nos movemos con las situaciones conforme ocurren. Cuando manejamos de esta manera la vida, estamos abiertos a cualquier resultado y aceptamos el hecho de que tal vez no comprendamos su significado en ese momento.

Estoy segura de que te han ocurrido cosas que parecían tener una desastrosa consecuencia inmediata, pero más tarde te diste cuenta de que no habrías desarrollado algo positivo en tu vida si no hubiera existido dicho evento.

Cuando mi vida cambió como resultado de que perdí el empleo, el dinero y mi relación de pareja, todo al mismo tiempo, sentí que era el fin del mundo. Mi óptica era distinta, estaba derrotada por haber perdido todo. Ahora, al mirar atrás, sé que los sucesos de aquel tiempo fueron el detonante que me trasladó a un nuevo nivel de entendimiento. No era capaz de confiar en mi comprensión racional, entonces me acerqué a libros espirituales para crear un vínculo con ese poder más allá de este mundo. Cuando comencé a incorporar estos principios en mi vida, dejé de resistirme al cambio y le di la bienvenida. Al fluir con la vida y descubrir la sincronicidad en las situaciones, por medio de un flujo de eventos que describiré más adelante, me mudé a otro lugar y fui impulsada hacia mi trabajo actual.

Cuando te ocurren cosas como la ruptura de una relación, el fracaso en un negocio, un accidente, la pérdida de un empleo, etcétera, debes saber que las cosas no son lo que parecen. Aunque sea horrible en ese momento, podrás darte cuenta más adelante que esa situación te lleva a tener otra perspectiva de la vida. Y, al mirar atrás, estarás agradecido por la experiencia.

Debes saber que muchas cosas aparecerán en tu camino conforme progresas en tu viaje. Trata de no juzgarlas. Sólo permanece abierto a la experiencia, sabiendo que nunca puedes ir en la dirección incorrecta. Como todo en la vida es circular, nunca puedes salirte del camino.

La vida es un círculo

Al embarcarnos en este viaje de la vida, nos hacemos conscientes de los símbolos que tienen un significado más profundo. En el Feng Shui los símbolos son importantes. Se cree que tienen un impacto consciente e inconsciente sobre nosotros. Si usamos el símbolo de un círculo para nuestra vida y pensamos que el viaje es circular, entonces terminamos donde comenzamos; recibimos lo que enviamos.

Un círculo no tiene fin, su resistencia es mínima. Observa el símbolo del Tai Chi, representa la combinación de energías opuestas: yin y yang. Igual que en el símbolo, estas energías fluyen la una hacia el interior de la otra, y cada una contiene la semilla de su opuesto. El yin representa cualidades como la quietud, la condescendencia, la limitación, la suavidad y lo insustancial, mientras que el yang representa cualidades como el movimiento, la apertura, la dureza, la acción y lo sustancial. Incluso estos procesos son circulares, ya que fluyen el uno hacia dentro del otro, y no pueden existir sin su opuesto.

Nuestra vida es una combinación de estas energías, a menudo, una es etiquetada como negativa y la otra como positiva, pero no pueden existir la una sin la otra. No hay oscuridad sin luz, amor sin odio, belleza sin fealdad. ¿Cómo sabemos lo que es el amor si no hemos experimentado el odio, o qué es la luz si no conocemos la oscuridad? No es malo ni bueno, simplemente uno es la ausencia del otro, aun así están interconectados y se necesitan mutuamente para existir en nuestro mundo. Con frecuencia gastamos mucha energía resistiéndonos a la experiencia, la situación o la gente que etiquetamos como mala o negativa. Sin embargo, para equilibrar las polaridades en la vida necesitamos adoptarlas más que resistirnos a ellas.

Conforme se transforma nuestra percepción y aceptamos que todo tiene derecho de existir, liberamos las cosas que ya no nos sirven y nos alejamos de las situaciones que no concuerdan con nuestra energía. Si nos detenemos a observar la naturaleza, tendremos buenos ejemplos de cómo funciona esto. El agua de un arroyo no acusa a una roca de estar en su camino; no dice: "Te odio y debo destruirte". En cambio, fluye alrededor de ella. No teme a la roca, sino que encuentra un modo de rodearla.

Analicemos nuestras propias vidas y veamos a qué nos estamos resistiendo. Si recordamos que la vida es un círculo, podremos tener presente que lo que enviamos al exterior se nos regresará. Cuando nos resistimos a ciertas situaciones, la vida nos las presenta una y otra vez, con el mensaje de que aquello a lo que nos resistimos persiste. Necesitamos conocer las cualidades negativas de nuestra vida y verlas de manera diferente. ¿Las cosas que juzgamos negativas sólo nos están mostrando la cualidad opuesta? Tenemos que aprender a fluir entre estos estados, moviéndonos de negativo a positivo, de activo a pasivo, de fuerte a débil.

En la vida, a veces es importante retraernos, y otras avanzar y estar activos. Ningún estado es mejor o peor que otro; hay un tiempo y un lugar para ambos. Si vemos la vida en términos de los elementos, hay un tiempo para prepararnos bajo la superficie (agua), un tiempo para avanzar (madera), un tiempo para movernos con toda la energía (fuego), un tiempo para retraernos (metal) y un tiempo para la quietud (tierra). Ahora sé que lo que parecía ser una época desastrosa en mi vida, cuando lo perdí todo, era un tiempo de preparación en el que pude estudiar más seriamente el *Tao Te King*, otras filosofías espirituales y la literatura indicada. Me permití aceptar nuevas oportunidades y así me encontré en el sur de Florida impartiendo talleres. Era el tiempo de aprovechar el momento y avanzar. Sin esa introspección no habría estado lista para moverme. Lo que parecía ser una gran pérdida terminó empujándome hacia mi camino en la vida.

En el esquema de las cosas, hay un lugar para el crimen, para el llamado mal y para todas las demás experiencias. De hecho, yo creo que no hay nada accidental en la tierra, que estas situaciones existen para enseñarnos ciertas lecciones. La literatura esotérica nos recuerda que vivimos en la rueda del *karma*, de vida en vida. Por medio de la reencarnación, resolvemos situaciones de otras vidas. Las cosas nunca son lo que parecen porque no poseemos todo el conocimiento.

Conforme recorremos nuestro camino, debemos ver todos los eventos y las circunstancias que permanecen ocultos en nuestra vida. Es necesario estar consciente de que todo es circular. Nuestros caminos son concéntricos y al final conducen al mismo sitio, de regreso al Origen. No importa en qué punto del camino estés en este momento, siempre puedes cambiar la dirección. Todos nos dirigimos al mismo lugar. Algunas lecciones son más difíciles de aprender que otras, pero todas guardan el mismo mensaje: hay que aprender de la experiencia y continuar. Al avanzar en el viaje de la vida, debemos descubrir los bloqueos y obstáculos que nos mantienen detenidos, aprender a fluir sobre ellos y rodearlos. El siguiente ejercicio te ayudará a conectarte con el camino de tu corazón, lo que hará el viaje más suave.

Ejercicio para encontrar el propósito

¿Cómo pasarías tu día si pudieras hacer todo lo que quisieras?

1.

2.

3.

4.

5.

Enumera cinco cualidades tuyas que sean especiales.

1.

2.

3.

4.

5.

Si vivieras en un mundo perfecto, ¿cómo sería? ¿Cuál es tu visión del mundo?

¿Cómo puedes usar tus cualidades especiales, haciendo lo que te gusta, para crear tu mundo perfecto? Hacer estas cosas a tu modo puede tener impacto en el mundo. Éste es tu propósito, y si te visualizas realizando esto cada día encontrarás una forma de hacer lo que quieres y tener dinero.

Afirmaciones

Estoy verdaderamente en el camino de mi corazón.
Paso cada día haciendo lo que me encanta hacer.
Disfruto el momento presente.
Me muevo con facilidad sobre los obstáculos que encuentro
en el camino.

Feng Shui para tu entorno

Éste es tu viaje, tu camino representado por el elemento
agua. Las sugerencias para esta área de tu casa son:

- Una fuente o acuario.

- Cuadros con escenas acuáticas.

- Colores negro o azul oscuro.

- Todo lo que represente el camino de tu carrera.

- Objetos con forma ondulante o indefinida.

- Espejos o cristal.

Trigrama de las relaciones

El trigrama de las relaciones está representado por tres líneas discontinuas. El nombre chino de este trigrama es *kun*, es el más yin de todos los trigramas, el arquetipo de la mujer maternal o la madre. Está representado por el elemento tierra y su significado es la tierra receptiva. Sus colores son los térreos y el rosa. Ésta es el área más receptiva de tu hogar, y las cualidades que enfatiza son: la flexibilidad, la apertura y la confianza. Se encuentra en el extremo suroeste de tu casa.

En tu casa y en tu vida, éste es el lugar en el que debes limpiar todos los bloqueos que te alejen de las relaciones armoniosas, especialmente las relaciones de pareja y las sociales. En el bagua, se ubica al conocimiento interior. Para poder entregarte por completo en una relación, necesitas ser consciente de tus limitaciones y fortalezas.

En este capítulo veremos cómo tus patrones disfuncionales impiden la existencia de relaciones saludables y cómo la disposición para cambiarlos puede construir relaciones felices, satisfactorias y armoniosas.

Los patrones en las relaciones

Uno de los retos más grandes en nuestra vida proviene de las relaciones, ya sean de pareja, familiares o de trabajo. De todos los problemas que atraen a la gente a mí en busca de terapia, las relaciones son las que provocan más angustia. ¿Por qué?

Todas nuestras inseguridades se hacen evidentes con toda su fuerza en las relaciones que establecemos. Las situaciones que fueron las semillas de esas inseguridades crean un condicionamiento temprano; por lo general, se trata de experiencias que sufrimos durante los primeros cinco años de vida. Asusta, ¿no es así? La mayor parte de nuestra conducta ha sido aprendida a temprana edad y reforzada a lo largo de los años. Lo que se imprime en nosotros con más fuerza son aquellos mensajes con cierta carga emocional que escuchamos repetidamente de figuras de autoridad.

A menudo, estas afirmaciones provienen de padres bien intencionados, pero inseguros, que no son conscientes del daño que ocasionan. Con frecuencia, nos programan para creer que no somos lo bastante buenos, inteligentes o que nuestra conducta no es la adecuada. Peor aún, en esos primeros años muchos de nosotros sufrimos abusos en formas muy degradantes.

La mayoría fuimos criados con un amor condicionado, es decir, sentimos que se nos ama más cuando nos comportamos de una manera y no de otra. Aprendemos a actuar buscando obtener la aprobación de los demás y suprimimos nuestros deseos y pensamientos. Los sentimientos reprimidos nos llevan a desarrollar patrones de conducta disfuncionales. He notado que hay patrones que predominan sobre otros.

No valgo nada

En algunos casos sentimos que nuestros padres no nos valoraban, entonces no aprendimos a valorarnos nosotros mismos. Dejamos este patrón al descubierto al no aceptar nada bueno para nosotros porque pensamos que no lo merecemos, especialmente una buena relación. La gente que se ajusta a este patrón atrae inconscientemente a parejas similares que proyectan su desaprobación en el otro. Es en la intimidad de una relación donde repetimos nuestros patrones de la primera infancia y revelamos nuestra inseguridad y la falta de amor hacia nosotros mismos.

Es frecuente sentir miedo al abandono porque cuando fuimos niños, un padre nos abandonó, ya fuera física o emocionalmente. Usualmente, este miedo se vuelve realidad porque actuamos de manera inconsciente para terminar la relación, o la relación continúa de manera enfermiza.

Cuando este patrón llega al extremo, puede convertirse en una relación violenta. Un hombre (o una mujer) violento está lleno de odio por sí mismo y lo proyecta en su pareja. Su intento brutal por controlar la relación muestra su miedo desesperado a ser abandonado. A menudo ha sido víctima o testigo de la violencia en su propio hogar.

La carencia de autoestima nos mantiene dentro de relaciones en las que no se nos respeta. Cuando descubrimos nuestro valor y lo reconocemos, la dinámica de la relación comienza a cambiar.

Me debes algo

Este patrón surge con la gente que no ha recibido el amor y el afecto que anhelaban en su primera infancia, de modo que pasan la vida buscándolos. Estas personas suelen ser muy demandantes, sin importar lo que les des nunca es suficiente, porque su deseo interior no ha sido satisfecho.

Se quejan continuamente de lo que no han recibido y sienten que no se les da lo que merecen.

Cuando nos sentimos así, estamos insatisfechos con las relaciones, en espera de que la otra persona haga algo por nosotros. Al darnos a nosotros mismos el amor y la atención que nos hacen falta, podemos dejar de esperar que alguien más lo haga.

Tú me completas

Es más común que esta actitud surja en una relación de pareja donde uno de los miembros pierde su identidad. Este patrón se presenta cuando se le impide a un niño desarrollar su potencial, también se manifiesta cuando anhelamos un estado de felicidad absoluta, puede ser que estemos enganchados a una época de nuestra infancia en la que teníamos la atención y el afecto de quien nos cuidaba, o quizá nunca recibimos estas atenciones y anhelamos vivirlas.

Cuando nos involucramos por primera vez en una relación de pareja, nos entregamos por completo a la otra persona, tratando de satisfacer todas sus necesidades sin ser egoístas. A menudo, la otra persona corresponde de la misma manera y nos sentimos completos. Esto corre el peligro de convertirse en una relación codependiente en la que ambas partes intentan completarse por medio del otro, sin poder ser autosuficientes. Se trata de una relación enfermiza donde nuestra atención está centrada en las necesidades del otro, y no en las propias. Actuamos con el fin de satisfacer las expectativas de nuestra pareja y nos disgustamos si no actúa de la misma manera. Usualmente, este patrón continúa hasta que uno de los miembros decide concentrarse en sí mismo. Con este cambio en el patrón disfuncional existente, el otro comienza a culparse y amargarse. La única forma de superar este patrón es encontrar nuestro poder y sostenernos con seguridad a nosotros mismos.

Quieres aprovecharte de mí

He visto que este patrón se manifiesta en muchas familias, al momento de la muerte de alguno de los padres, cuando los integrantes se involucran en disputas legales por la sucesión hereditaria. Esta división entre los integrantes de la familia es alentada en los primeros años de vida de los miembros. Criados de manera similar, los padres incitaban la competencia y las puñaladas por la espalda. Con frecuencia, en estas familias, el dinero y las posesiones tienen más relevancia que el amor y el cuidado.

Esta lucha interna ni siquiera tiene que ser por dinero. La pelea puede surgir por cualquier problema familiar que rompa los lazos entre los miembros, provocando que la comunicación se interrumpa durante años. Conozco personas que depositan toda su energía en este tipo de batallas familiares.

En las relaciones de pareja, este patrón se presenta cuando desconfías del otro y sientes que se está aprovechando de ti. Al engancharnos con este tipo de pensamientos dejamos fuera de alcance nuestro propio poder. Nos obsesionamos tanto con la conducta de los demás que podemos llegar a enfermarnos. He conocido gente que se queja tanto del trato que ha recibido de los demás, que no se permite disfrutar de la vida. Al pensar en nosotros mismos como seres espirituales, podremos darnos cuenta de que nada ni nadie puede influirnos de manera negativa si no lo deseamos.

Soy una víctima

Hay mucha gente que piensa que no tiene control sobre su vida. Este patrón se desarrolla en los niños a los que sus padres y la sociedad han hecho sentir impotentes. Por ejemplo, en relaciones en las que un niño ha tenido por lo menos un progenitor dominante o ha visto a uno de ellos dominado por el otro, el niño tiende a desarrollar este patrón. En este caso, el niño sigue el modelo del padre dominante o del dominado. Como mencioné antes, ambas actitudes provienen de un sentimiento de impotencia e inseguridad.

El asumirnos como víctimas nos paraliza en nuestras propias vidas. En las mujeres es más común encontrar esta actitud, pues en muchos hogares el varón es el dominante y toma todas las decisiones. Los niños aprenden que simplemente son víctimas de las circunstancias y que tienen que someterse a las decisiones de los demás.

Las mujeres que siguen este patrón, tarde o temprano se involucran en relaciones en las que su pareja abusa de ellas. Atraemos inconscientemente situaciones a nuestra vida que nos confirman que somos víctimas. Este patrón persiste hasta que descubrimos nuestro propio poder y nos damos cuenta de que no necesitamos el papel de víctimas.

El propósito de las relaciones

El propósito de las relaciones que hay en nuestras vidas es mostrarnos nuestros patrones negativos, con el fin de poder trabajar en ellos y sanarlos. Algunas personas prefieren apartarse de las relaciones antes de afrontar los retos que éstas les presentan. Con frecuencia me encuentro con hombres y mujeres que han renunciado a entablar relaciones de pareja, y me dicen que se encuentran en paz solas. La gente que toma esta decisión, usualmente siente amargura a causa de sus viejas relaciones. Lo que ellos aún no descubren es el regalo del autoconocimiento que les otorga una relación difícil. Cuando las personas me dicen que están más contentas solas, les recuerdo que para conocerse a sí mismas, tienen que encontrar cuáles son los patrones que las alejan de una relación armónica.

Atraemos hacia nosotros a la persona que es un espejo que refleja nuestra disfunción. Generalmente, lo que nos disgusta de las otras personas es lo que en realidad nos molesta de nosotros mismos. En mi vida, por ejemplo, mi primer matrimonio fue con un hombre que se aferraba a la furia como yo. Teníamos muy poca comunicación y finalmente nos divorciamos.

Mi segundo esposo me ayudó a confrontar mi furia reprimida. Cuando se peleaba conmigo y dejaba ver su enojo, descubrí cómo poco a poco, empecé a responder de la misma manera y me encontré enfrentándome a las mismas emociones. Yo pensaba que ese hombre no me satisfacía y estaba enojada y resentida. Me enfermaba su forma explosiva de manejar las cosas. Mi padre lo hacía de modo muy similar y yo había pasado mi juventud tratando de calmar su enojo o de no provocarlo. Expresar mi propio enfado era una conducta nueva para mí, pues no estaba permitida en mi casa, con el tiempo me di cuenta de que estaba liberando años de sentimientos reprimidos.

Dejé a mi segundo esposo por un tiempo debido a nuestras continuas peleas, estaba segura de que no había otra solución para nuestra relación que no fuera la separación. Cuando me fui las cosas cambiaron. Primero hubo mucha amargura, pero, al hacenos a la idea de que estábamos separados, comenzamos a comprender nuestros patrones negativos, a fortalecernos espiritualmente y a encontrar nuestro propio poder. Y, más importante, abandonamos las expectativas que teníamos el uno del otro. Cuando nos encontramos con la intención de ejecutar la separación legal, descubrimos que habiendo renunciado a las viejas expectativas, nos llevábamos mucho mejor. Una de las conductas más difíciles de soltar es nuestra expectativa sobre los demás.

Las expectativas de los demás

De niños aprendemos a hacer lo que los demás esperan de nosotros. De hecho, se nos recompensa o castiga según qué tan bien cumplimos con las expectativas de los otros. Aprendemos a recibir elogios de nuestros padres o tutores al hacer las cosas que ellos aprueban. Después de un tiempo, comenzamos a actuar de la forma en que sabemos que agradará a otros o de una manera que los disgustará, si elegimos ser rebeldes. Se supone que ambas conductas provocarán una reacción en los demás, así conforme crecemos, nos alejamos cada vez más de lo que nos agrada.

Se nos enseña que preocuparnos por agradarnos a nosotros mismos es egoísta, que debemos pensar en los demás antes que en nosotros. El problema es que no nos conocemos como seres individuales sino en relación con los otros. No sabemos dónde está el límite entre nosotros y los demás, ni entendemos lo que los psicólogos llaman la frontera entre quiénes somos y quiénes son los otros. Cuando somos jóvenes generalmente sentimos que formamos parte de un cerrado sistema familiar. Los niños que no crecen integrados en una estructura terminan sintiendo que no pertenecen a ningún lugar y con frecuencia desarrollan problemas emocionales. Por otro lado, los niños que no tienen sentido de sí mismos también pueden acabar afectados emocionalmente. Estos niños aprenden a desconfiar de sus propios instintos.

En la edad adulta, a menudo nos quedamos atrapados entre lo que queremos hacer y lo que los demás quieren que hagamos. En nuestro trabajo, debemos seguir los lineamientos de otras personas, durante muchas horas al día. Si vivimos dentro de una familia, debemos ajustarnos a los deseos de un cónyuge, un padre, o incluso de nuestros hijos. Frecuentemente nos frustra el cumplir con ciertas obligaciones diarias. Como terapeuta, veo a mucha gente que no vive su propia vida y sólo se preocupa por satisfacer las expectativas de otros.

Como ya mencioné, existen estudios sobre la gente madura que ha sufrido problemas graves de salud y enfermedades mentales, dichos estudios revelan que la mayoría se siente frustrado por no haber tomado el control de sus vidas. Predomina en ellos el arrepentimiento por no haber tomado las oportunidades que se les presentaron, y por el tiempo perdido, por la tristeza de haber vivido para otras personas y no para sí mismos.

¿Cómo vivimos nuestras vidas para nosotros mismos y no para los demás? Sólo en la estadounidense y en otras sociedades occidentales tenemos el lujo de esta opción. En muchas culturas del mundo hay que adherirse a códigos de conducta rígidos. Para los orientales, hay estrictos valores familiares insertados dentro de su ámbito, y hay un sentido de la comunidad colectiva. Esta estructura bien puede mejorar a la comunidad, pero presiona demasiado al individuo. Sin embargo, trataremos sobre estas comunidades en otro capítulo.

Por el momento, veamos cómo el vivir de acuerdo con las expectativas de los demás nos puede detener. Yo fui educada para pedir la opinión de mis padres en todo. Eran contundentes en muchos temas, y yo aprendí de su forma de ver las cosas. Tenían opiniones adecuadas y eran de mente abierta en muchos aspectos, pero extremadamente cerrados en otros.

Al dejar la casa de mis padres a los 18 años para ir a la universidad, entendí que muchos de sus puntos de vista ya no eran aplicables en mi nueva vida. No obstante, me invadía un sentimiento de culpa al no hacer lo que los otros querían que hiciera. Mi padre solía decirme una y otra vez que era egoísta y obstinada por hacer lo que yo quería en lugar de lo que él decía que hiciera. Esto me dejó la impresión de que él no valoraba mis sentimientos y que por lo tanto todo lo que hacía era incorrecto. Mi padre siempre decía que yo sólo pensaba en mí y no en los demás.

Esta situación creó en mí un sentimiento de culpa que surge siempre que no hago lo que los demás quieren que haga. Por ejemplo, vuelvo a sentir esto cuando la gente me pide que trabaje con ella o haga ciertas cosas en su beneficio que sé que no quiero hacer. Como sabes por tu propia experiencia, siempre hay gente que quiere que hagas algo. Tienes que estar muy atento en todas las situaciones que se te presenten para identificar entre lo que los demás quieren de ti y lo que tú quieres.

Es fácil que te atrape el sentimiento de culpa y que aceptes cumplir las expectativas de los otros o sentirte culpable porque no las aceptaste. Cuando surge la culpa en una relación, hago un alto y trato de reconocer lo que tiene que ver con el pasado y lo que corresponde al presente.

Aquellos de nosotros que hacemos demasiado por los demás nos convertimos en mártires y al final le guardamos rencor a la gente por lo que le hemos dado. Lo que necesitamos es lograr un equilibrio entre nuestros deseos y los de los otros. Cuando hacemos cosas por la gente, es necesario hacerlas de corazón; recuerda que antes de ayudar a los otros necesitamos asumir nuestro propio poder. No podemos darle nada a nadie a partir de un manantial vacío.

Todos en algún momento de la vida nos hemos involucrado en relaciones en las que el otro siente resentimiento y nos culpa, instintivamente sabemos que en realidad no tiene que ver con nosotros. Nos sentimos culpables porque reaccionamos con una vieja conducta. Nuestros padres pueden estar abrumados por otros problemas y sentir que somos una carga para ellos. Directa o indirectamente, quizá nos hicieron creer que teníamos la culpa de todo. Cuando este sentimiento se presenta en relaciones posteriores, en realidad estamos recreando la antigua situación, para superarlo necesitamos alejarnos y hacerlo consciente.

Cuando nos decidimos a cuidar de nosotros mismos y a seguir nuestros deseos y necesidades, nos sentimos más completos y cabales. Necesitamos asumirnos como seres espirituales, buscar el sustento interior para estar completos, para ello, hay que encontrar la forma de contactarnos con nuestro espíritu. Hay muchas instituciones religiosas que depositan grandes expectativas en sus seguidores, si no se cumplen, los individuos experimentan un terrible sentimiento de culpa.

Nuestro objetivo principal es encontrar una forma de vivir sin culpa, recorriendo el propio camino. Cuando empieces a sentir culpa al tratar a los demás o al hacer algo que le gusta a otra persona, observa bien la situación. ¿Es éste tu deseo o es el de otro? Para ser honesto contigo mismo, honrar a tu espíritu y a tu propósito aquí en la tierra, necesitas hacer lo que es correcto para ti, incluso si esto decepciona a alguien más. Del mismo modo, debes abandonar tu necesidad de controlar a los otros.

Renunciar al control

Así como se esperan cosas de nosotros, nosotros también creamos expectativas sobre los demás. Una de las actitudes más difíciles de abandonar en las relaciones es la necesidad de control. Tenemos una idea de cómo queremos que funcione la relación y manipulamos nuestra conducta y la de los demás para que se ajuste a este molde. El problema es que sólo podemos controlar nuestra propia conducta y no la de los otros. Forzar las situaciones para que se ajusten a nuestra idea nos aleja de vivir relaciones placenteras que fluyan.

Desde pequeños se nos crea esta necesidad de control. Para socializarnos, nuestros padres o primeros tutores controlaban lo que hacíamos, adónde íbamos, con quién y lo que debíamos pensar. Al crecer tenemos la idea de que nuestros padres nos enseñaron a pensar por nosotros mismos, a tomar nuestras propias decisiones y el control de nuestras vidas. Sin embargo, los padres esperan que nos quedemos con el sistema de valores y la estructura que ellos nos enseñaron.

En muchos casos, finalmente nos rebelamos contra la autoridad de los padres y comenzamos a vivir la vida según nuestros propios valores. Por lo general, no evaluamos nuestros valores, ni sabemos cómo queremos vivir la vida. Avanzamos ciegamente, elegimos una carrera o una relación y nos adaptamos a la estructura y las normas establecidas por el trabajo o nuestro compañero o compañera.

Es por todo esto que en la edad madura hacemos un alto en el camino y nos decepcionamos de nuestra vida, a este momento se le conoce como la crisis de la edad madura. Nos despertamos una mañana y descubrimos que estamos envueltos en la rutina. Nos preguntamos qué queremos en realidad. ¿Estamos viviendo como queremos o como quieren los demás? Al tratar de responder, entramos en contacto con quiénes somos y con lo que queremos, revisamos nuestra vida y podemos movernos en otra dirección, o quedarnos en el mismo lugar conscientes de nuestra elección.

Otra cara de la misma moneda se presenta cuando somos criados sin atención de los padres, al crecer buscamos esa estructura que nos sostenga en instituciones religiosas y en algunos casos, en sectas o pandillas. Es la necesidad de asirnos a algún tipo de estructura la que nos lleva a vivir estas situaciones extremas.

Es esta misma necesidad la que nos impulsa a controlar a la gente con la que nos relacionamos. Pensamos que conocemos la mejor forma de proceder e intentamos fundir los deseos de otras personas con los nuestros. Nos volvemos controladores como amantes, cónyuges, amigos e incluso padres. Nuestra inseguridad se aminora si sentimos que podemos regular a las otras personas.

Llevada al extremo, una persona (usualmente un varón) trata de controlar las idas y venidas de su pareja, y se violenta si la otra parte intenta hacer algo por sí misma. Hay muchos ejemplos de mujeres mutiladas o asesinadas por amantes o esposos que perdieron la cabeza cuando ellas intentaron romper una relación controladora y abusiva.

He tenido varios amigos, conocidos y colegas de negocios que han intentado controlarme. Quizá es mi naturaleza no argumentativa lo que los atrae hacia mí. Ya que tuve padres controladores, a menudo intento complacer sus deseos, hasta que me doy cuenta de que actúo en contra de mí mismo. He aceptado invertir sumas considerables de dinero y dejarlas bajo el control de otras personas, lo que me ha llevado a sufrir grandes pérdidas económicas.

En muchas ocasiones yo intenté controlar a la gente con la que me relacionaba, con la idea de que sabía cuál era la mejor forma de hacer las cosas. Después de todo, tiene que haber un líder, una persona que muestra a la otra el mejor camino a seguir. Tras un matrimonio roto e hijos que por temporadas han sido rebeldes, fui consciente de que debía soltar el control. De pronto me resulta difícil uno de mis hijos, que ya adulto, aún vive conmigo; cuando hace cosas que no me agradan, siento el impulso de cambiar la situación, pero sé que no puedo intervenir ya que depende de él encontrar su camino y aprender las lecciones de la vida a su modo.

¿Cómo hacemos eso? Necesitamos confiar en que existe un plan divino y en que todos tenemos diferentes papeles por representar en esta vida, de ningún modo podemos saber lo que debe hacer otra persona. En cualquier relación, es mejor dejar que sucedan las cosas y apoyar las decisiones de los demás, incluso si no estamos de acuerdo.

También debemos aprender a liberar a la relación. La paradoja es que, mientras más nos aferramos a una relación, más presión ejercemos sobre ella. Si crecemos hasta el punto de sentirnos completos por nosotros mismos, con la certeza de que no dependemos de nadie más, entonces estaremos preparados para tener una relación verdaderamente buena. Es un principio taoísta el que indica que para ser realmente fuertes necesitamos aprender a renunciar.

Yo, ahora puedo vivir en otro país, lejos de mi pareja, con la seguridad de que vivimos según nuestros propósitos particulares, y de que nos reuniremos cuando así deba ser.

Al dejar la intención de control sobre la gente y las situaciones, nos liberamos y descubrimos que sólo nos podemos controlar a nosotros mismos. Sucede lo mismo cuando externamos una opinión sobre deteminado asunto; si intentamos convencer a los otros, gastamos mucha energía, ellos tienen derecho a opinar de manera distinta a la nuestra, claro que si estamos seguros de nosotros mismos, eso no importa. No necesitamos controlar la situación. Nuestro objetivo principal es encontrar una forma de vivir sin remordimiento ni culpa, honrando nuestro camino. Para poder ser congruentes con nosotros mismos, con nuestro espíritu y propósito en la Tierra, necesitamos hacer lo que es correcto para nosotros. Entonces, ¿cómo desarrollamos relaciones felices?

La clave de las relaciones felices

¿Cuál es la clave de las relaciones felices? En mi experiencia como asesora por tantos años, he visto relaciones que se desmoronan, y en el fondo los mismos patrones se repiten una y otra vez. La pareja siente que llega a un callejón sin salida, y se provoca un colapso en la comunicación que no pueden superar.

Es común que el colapso se origine en un detalle que se convierte en un gran problema. Por lo general se trata de una expectativa no satisfecha. Uno quiere algo del otro que no obtiene, tal vez más atención, compromiso, reconocimiento, etcétera. Por ejemplo, he conocido parejas hostiles que actúan de tal modo porque ninguno de los dos se siente amado. Como observadora, es obvio para mí que el amor existe, pero ambas partes permanecen encerradas en la recriminación y la culpa. Ya que elegimos parejas que son similares a las figuras paternas, a menudo recreamos estas situaciones escogiendo a alguien que imita la conducta de rechazo de nuestros padres.

Sin embargo, yo les recuerdo a mis clientes que la relación es un regalo porque te permite ver las partes no sanadas de ti mismo. Cuando reaccionas hacia la otra persona con una emoción exacerbada, sabes que dicha emoción está ligada a experiencias de tu edad temprana que no han sido sanadas.

¿Cómo nos sanamos para no repetir los viejos patrones disfuncionales en cada una de nuestras relaciones y para no terminar sintiendo que ya no queremos ninguna otra relación? En primer lugar, es importante aprender a expresar las emociones de una manera sana. Tenemos que abrir el canal de comunicación para lograr expresar nuestras necesidades y sentimientos. Es demasiado difícil hacerlo, y creo que es recomendable contar con el apoyo de un terapeuta o una tercera persona que nos guíe en este proceso desde el principio. Siempre tendremos desacuerdos en nuestras relaciones, pero es necesario encontrar una forma constructiva de solucionarlos.

El segundo paso es suprimir la necesidad de conflicto. Una relación es como un partido de tenis, y cuando alguno de los dos no devuelve la pelota, se termina el juego. Es muy difícil para una persona luchar sola. ¿Cómo aprendes a dejar de regresar la pelota? He encontrado que las dos cualidades más importantes en una relación son no juzgar y perdonar. Me gusta ver el no juzgar a la usanza oriental. Influido por el taoísmo y el budismo, este tipo de no-juicio recae en el entendimiento de que todos estamos aquí siguiendo nuestro propio camino y trabajando nuestro karma. No podemos juzgar la situación de los demás porque no conocemos todo el panorama.

¿Cómo no juzgar cuando la gente te ha dicho cosas atroces o te ha tratado mal y te sientes resentido contra ella? No juzgar es como verte en una obra de teatro con otras personas, y cada una de ellas representa su papel. Trata de concentrarte sólo en lo que se te presenta y pregúntate: ¿Qué puedo aprender de esto? ¿Es un patrón? ¿Cuándo siento estas cosas? Desde la perspectiva terrenal, tal vez nos parezca muy difícil de lograr, porque estamos atrapados en el drama de las situaciones que se nos presentan. Es entonces cuando las prácticas que te enseñaré más adelante nos ayudan a tranquilizar nuestras mentes para podernos conectar con nuestra esencia espiritual.

Para que se dé el perdón verdadero se necesita de cierto tiempo de alejamiento del mundo. Como lo conocemos, el perdón es el olvido de las cosas que realmente nos molestan; es intentar sacar de nuestra mente lo que sentimos que nos han hecho. El problema con este tipo de perdón es que en realidad no olvidamos, basta con que suceda algún evento que nos recuerde situaciones pasadas para evocar viejos sentimientos. Enterramos las cosas, pero siguen ahí. El perdón espiritual es poder ver más allá del significado terrenal de la situación, sabiendo que hay algo por aprender. Es tener la certeza de que todos representan su papel y de que no existe nada que perdonar. La interacción con los demás nos hace más conscientes de nuestros propios patrones.

Necesitamos expresar nuestras emociones sin dañar los vínculos con los demás. El drama que en ocasiones existe en las relaciones humanas crea una atmósfera de caos la mayor parte del tiempo.

Lo primero que debes eliminar es la necesidad de dramatizar las situaciones. ¿Por qué habríamos de necesitar tragedia en nuestra vida? Conscientemente quizá no lo deseamos, pero inconscientemente es un estado familiar que sin querer atraemos a nuestras vidas. Tenemos que cambiar de posición con el fin de que la paz sea el estado deseado y familiar. Trataremos más ampliamente sobre esta necesidad en la siguiente sección.

La búsqueda de la paz, en mi caso, me llevó a vivir sola por un tiempo. Al principio, anhelaba algún tipo de encuentro emocionante, después, sólo quería paz. Cuando mi esposo venía a visitarme, generalmente caíamos en el viejo patrón argumentativo, esa forma de actuar estaba fuera de mi vida, dejé de participar, ya no me enganchaba y las cosas mejoraron.

La literatura espiritual señala que no nos podemos vincular con el Espíritu si estamos inmersos en la tragedia. Necesitamos una mente en calma para ser lo bastante claros y escuchar a nuestra guía espiritual. Conforme entramos en contacto con el Espíritu, descubrimos que los conflictos que enfrentamos eran lecciones y que la mayoría de las cosas contra las que luchábamos estaban dentro de nosotros. Al hacernos conscientes de esto y abandonar los viejos patrones, encontramos una nueva forma de vida pacífica que nos da más satisfacciones. Lo que solía molestarnos ya no lo hace. Cuando nuestra pareja o alguien más actúa de tal forma que en otro tiempo nos llevaría a reaccionar con enojo, descubrimos que su conducta ya no altera nuestro estado de ánimo. Quizá desencadenamos las situaciones pero la actitud del otro tiene más que ver con sus relaciones anteriores, en realidad puede estar discutiendo con su madre, padre o hijo. Todos, en algún momento, recreamos situaciones en nuestra vida.

Rompemos muchas ataduras cuando nos damos cuenta de esto, aunque los sentimientos sean intensos somos capaces de advertir los viejos patrones y de retirarnos. Es necesario practicar disciplinas que calmen la mente. Cuando logramos mantener la mente en paz, vemos con claridad nuestro interior y el caos que nos habita, nos percatamos del antiguo patrón, al sentirlo y reconocerlo podemos liberarlo.

Una vez que te acostumbras a vivir en un estado de paz, es imposible volver al caos. Permanecerá fuera de ti. Una vez que has logrado liberarte, comenzarás a atraer situaciones pacíficas a tu vida. Los antiguos conflictos y discusiones serán cosa del pasado, entonces experimentarás las cualidades de esta área del bagua: liberación, receptividad, apertura y confianza.

Ejercicio para las relaciones

Piensa en una persona que te esté causando problemas ahora. Sugiero que estés en calma y que con ayuda de tu mente regreses al momento en que sentiste la misma emoción exacerbada. Estoy segura de que recordarás alguna situación de tu niñez. Imagina frente a ti a la persona por la que sientas emociones debilitantes similares. Podría ser tu madre, tu padre, o alguien más. Tómate un tiempo para explorar estos sentimientos. No tengas miedo de entrar en contacto con ellos.

Al quedarte de pie como un niño, ve a la otra persona transformarse también en un niño. Ambos son niños parados uno frente a otro. ¿Qué tipo de niño era esa persona? Probablemente verás que este niño no era feliz y tenía muchas dificultades. Sé más flexible y, en tu imaginación, invita al otro niño a jugar contigo. Esto puede resultarte difícil. Imagínate conviviendo con ese niño y mostrándole juegos felices de tu niñez.

Al imaginar que ambos son niños, entras en contacto con el condicionamiento temprano de la persona que te provocó los problemas. Descubres que es difícil enojarte con ese niño porque está actuando de forma condicionada. Imagínate abrazándolo y diciéndole que comprendes su conducta, y que ahora sabes que no tiene nada que ver contigo. Imagina una luz rodeando al niño, reconociendo la presencia superior de la que él o ella podría no estar consciente.

Agradece a esta persona por haber representado este difícil papel en tu vida, ayudándote a confrontar tus propios patrones. Este tipo de perdón afirma que todos tenemos una función divina de la que podríamos no estar conscientes. Siempre que estés en conflicto con alguien, tómate un tiempo para hacer este ejercicio. Descubrirás que cambia tu visión de esa persona.

Afirmaciones

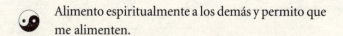 Tengo relaciones amorosas y que me apoyan en la vida.

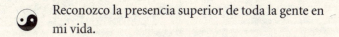 Tengo una asociación amorosa con mi pareja en la vida.

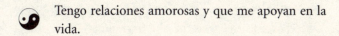 Alimento espiritualmente a los demás y permito que me alimenten.

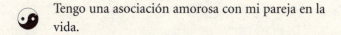 Reconozco la presencia superior de toda la gente en mi vida.

Feng Shui para tu entorno

Esta parte del bagua es el lugar para construir relaciones y asociaciones. Las sugerencias para esta área son:

☯ Cosas que simbolicen una relación para ti.

☯ Una foto de unos amantes.

☯ Formas redondas (que representan la tierra) o cuadradas (que representan las relaciones).

☯ Un par de cualquier cosa: corazones, palomas, pájaros.

☯ Un par de sillas con cojines mullidos.

☯ El color rosa y los tonos terrosos.

☯ Una planta colgante.

Trigrama de los ancestros

Este trigrama, llamado *chen*, está simbolizado por una línea continua yang que empuja hacia arriba por debajo de dos líneas discontinuas yin. El trigrama significa "trueno espantoso" y a menudo se le representa con la imagen de un dragón que se eleva de las profundidades hacia cielos tormentosos. En la familia arquetípica es el hijo mayor. Su elemento es la madera, que se refiere a la energía ascendente, como en la primavera, cuando los árboles estallan con vida. El color que se le designa es el verde primavera.

En el Feng Shui, éste es el trigrama asociado con los ancestros o con lo que existió antes de nosotros. Se encuentra en el lado Este de tu casa. Así como las plantas florecen durante la primavera, nosotros debemos avanzar en nuestras vidas. Cómo avanzamos depende de dónde venimos. La forma como interpretamos los mensajes que hemos recibido de nuestros ancestros a través del tiempo es lo que moldea nuestro futuro. En el bagua, este trigrama está frente al de la creatividad, los proyectos o los hijos. Cómo nos enfrentamos con lo que sucedió antes determina a nuestra progenie, personas o cosas.

En este capítulo veremos cómo se alejan de nuestras vidas el caos y la vieja energía; también descubriremos algunos mensajes familiares añejos que influyen en nuestras vidas, así como lo que podemos aprender de nuestros ancestros y de la gente mayor que nos rodea.

Dejar ir

Antes de que podamos incorporar el Feng Shui a nuestro entorno, debemos limpiar todo el desorden. Donde quiera que acumulemos desorden guardamos energía muerta o estancada, así como bloqueos en el flujo libre de energía.

Cuando practicamos el Feng Shui, tenemos que mirar nuestro entorno con atención y decidir con qué necesitamos romper para que la energía circule libremente. Todo lo que hagamos por nuestro entorno se reflejará en nuestras vidas, y viceversa. Al terminar con el desorden a nuestro alrededor, comenzaremos a sentirnos libres emocionalmente. Al sanar viejas heridas sentimentales, desearemos terminar con el caos que nos rodea.

¿Por qué nos aferramos a la confusión? Todo lo que tenemos en el plano físico es sinónimo de nuestro desorden interior. Acumulamos desperdicios por si algún día los necesitamos, eso es miedo de abandonar el pasado.

Creamos cierto apego por cosas del pasado y guardamos recuerdos de ellas, al hacerlo, nos quedamos con viejos patrones energéticos que nos impiden avanzar.

En ocasiones compramos artículos muy caros y nos sentimos mal por dejarlos ir, porque estamos ligados a la idea de que en el futuro encontraremos un uso para ellos. Durante años me aferré a bolsas, zapatos y ropa muy costosos que compré en viajes y jamás usé. Adonde me mudara los llevaba conmigo, esperando poder estrenarlos. Después de estudiar el Feng Shui, los regalé a personas que los aprovecharon. Ahora obsequio mis pertenencias tan pronto como dejo de encontrarles un uso, y soy consciente de la liberación de energía que acompaña a este acto.

Nos apegamos a nuestras posesiones, y a veces, ellas definen quiénes somos. Es complicado desprendernos de pertenencias valiosas porque sentimos que perdemos una parte de nosotros. A veces estas posesiones, como un atuendo caro, nos dan estatus. Con frecuencia están asociadas a alguien más; por ejemplo, algo que heredamos y que no podemos dejar porque sentimos que hacerlo sería abandonar nuestro lazo con el benefactor.

De un modo extraño, las posesiones pueden darnos seguridad y mientras estemos rodeados de "cosas" nos sentiremos seguros. Algunos de nosotros nos ponemos nerviosos con los espacios vacíos y desprotegidos ante cualquier cosa que suceda. Otros nos aferramos a hábitos alimenticios que nos hacen subir de peso. La gordura nos hace sentir que estamos ocultos y protegidos contra el dolor de tener que confrontar viejos temas, especialmente aquellos que tienen que ver con las relaciones personales. Nos quedamos con profundas heridas emocionales porque tenemos miedo de verlas de nuevo. Irónicamente, el surgimiento o la revisión de estas emociones, nos dan la oportunidad de liberar las antiguas heridas y superarlas.

Sucede también con el desorden en nuestro entorno. Nos mantenemos rodeados de cosas como una forma de suprimir nuestras emociones y seguir abrumados. Es esa necesidad inconsciente de luchar, lo que evita que nos sintamos completamente vivos. Estos patrones se han fijado desde la infancia, lo mismo que los patrones de las relaciones discutidos en el capítulo anterior. Tal como lo representa el trigrama, estos mensajes surgen de las profundidades de nuestros recuerdos, impidiéndonos avanzar en el camino.

Al limpiar nuestro entorno encontraremos los residuos de patrones que nos detienen. Para ser verdaderamente libres en nuestras vidas, debemos afrontar estos patrones y avanzar por encima de ellos.

Mensajes obsoletos que nos detienen

Mientras limpio el desorden de mi casa, me percato de cosas que he acumulado y que representan viejos patrones de mi vida. Los patrones más comunes que he detectado en mí y en otras personas son aferrarse a la lucha, la vergüenza, la culpa y el caos.

La vida es una lucha

Al hacer un recuento de mis posesiones, me siento agobiada. He ido en tantas direcciones en mi carrera que, como resultado, tengo residuos de todos los caminos en mi casa. Los documentos de los numerosos cursos que he impartido a lo largo de los años, así como de las diversas inversiones en negocios y los papeles legales que las acompañan, saturan mis cajones y archiveros.

Tengo archiveros de negocios canadienses y norteamericanos. Como vendo productos, tengo cajas de cosas esparcidas por mi casa. Al limpiar el desorden, acepto que mi necesidad de tener tantas cosas guardadas se relaciona con el antiguo patrón de creer que "la vida es una lucha".

Reflejamos esto sintiéndonos pesados, como si todo fuera una carga. El mismo patrón se manifiesta en varios de mis clientes, quienes no son capaces de sentirse felices por nada o sienten el peso del mundo sobre sus hombros.

La mayoría de la gente desarrolla este patrón en la infancia. Cuando yo era niña, recibía este mensaje de mi padre, quien había vivido la Gran Depresión y la Segunda Guerra Mundial; aunque era dentista, sufrió muchas dificultades. Hablaba con tristeza de la época, los años treinta, entonces ejercía su profesión hasta por un saco de papas. A pesar de que la situación mejoró, mantuvo enterrado ese sentimiento que se manifestaba muchas veces y en diversas formas.

Decía por medio de sus acciones, no verbalmente, que no era bueno disfrutar de las cosas. Cuando de niña me divertía jugando, él interrumpía para aclararme que la vida debía tomarse con seriedad. Tenía buen sentido del humor, pero en esos momentos una parte de él surgía para asegurarse de que no se divirtiera demasiado.

Al leer viejos diarios donde él habla de mi abuelo, quien fue maestro y escritor de libros de historia, para más tarde hacerse dentista, descubro entre líneas cómo se repite el añejo mensaje de seriedad. En aquel tiempo, cuando ingresó a la universidad, a la escuela de odontología, estaba muy influido por el Movimiento de la Templanza, para él la diversión y la frivolidad estaban asociadas a la bebida, a la que consideraba obra del demonio.

Escribe un relato muy triste de cuando mi abuela sufrió un infarto y se volvió irritable y abusiva, por lo que tuvieron que enviarla a un asilo, donde murió. Mi abuelo intentó cuidarla, pero no pudo, en el proceso se enfermó también. Cuando mi padre era adolescente, cuidó a su padre hasta que murió, y se sentía responsable por su muerte.

Al quedarse solo tan pequeño, acompañado de recuerdos dolorosos por la muerte de sus padres, no pudo superarlo, entonces no existía la conciencia que poseemos hoy en día. Al leer sus diarios me abruma la tristeza porque pienso en el hogar donde mi padre fue criado, él mantuvo estos sentimientos enterrados toda su vida. Dejaba ver su emoción, en ocasiones su furia, pero también lo habitaba una profunda tristeza.

La muerte de mi hermana a los 25 años fue un tremendo golpe para mi padre. Ella era brillante y había logrado cosas excepcionales para su edad. Era extremadamente inteligente, lo que la llevó a obtener una maestría con honores. También era una consumada intérprete de música, y mi padre, que también era músico, estaba muy orgulloso de ella. Su vida giraba alrededor de mi hermana, cuando ella se fue de casa, él esperaba ansioso sus visitas, frecuentemente la acompañaban amigos interesantes y famosos. Su vida terminó en un trágico accidente mientras se encontraba en el servicio exterior en Malasia, cayó por una cascada al escalar una montaña que no conocía. Mis padres quedaron devastados, pero él nunca superó su tristeza y amargura. Su abatimiento aumentó durante sus últimos años.

Por otro lado, mi madre tenía un temperamento frío, no demostraba sus emociones. Su enojo afloraba ocasionalmente, me contaban que era una maestra muy severa, pero como madre, era razonable y bastante equilibrada. Por la forma en que interactuaba con su familia, yo tenía la sensación de que había crecido en un hogar vacío de emoción. El empleo de su padre cambió muchas veces, y ella se mudó en repetidas ocasiones. Ella procuraba no acercarse mucho a nadie, para no sufrir en caso de que no volviera a ver a la otra persona. A veces se percibía alguna emoción oculta detrás de su actitud competente. La tristeza de mi madre también se acentuó tras la muerte de mi hermana.

En mi hogar la felicidad era poco frecuente, cuando llegaba a sentirme demasiado feliz, también me sentía culpable. Yo tenía 21 años cuando mi hermana murió, y aunque mis padres jamás lo dijeron, me quedé con la impresión de que debía suplir su muerte. Un amigo de mis padres me dijo que yo tenía que ocupar el lugar de mi hermana Mary. Esto, combinado con la sensación de pesadez que me provocaba mi casa, agregó un tremendo lastre a mi vida.

Debido a mi condicionamiento, a menudo siento el peso por tener que hacer algo, aun antes de hacerlo. He descubierto que si tengo muchas tareas por hacer, me abruman, y no puedo animarme a realizarlas. También sé que estas tareas se me ocurren en un nivel subconsciente.

De niña tenía que realizar muchas labores en la casa antes de que la familia pudiera pasar un buen rato. Cuando formé mi primer hogar, con mi esposo e hijos, mis padres me visitaban y me indicaban las cosas que era preciso hacer. Como fui criada de esa forma, pensaba que debía acatar sus instrucciones. Más que disfrutar mi casa, estaba pendiente de todas las tareas que debía realizar. Había vuelto a la escuela y tenía mucha carga de trabajo, además de la responsabilidad de mis dos hijos pequeños.

Más tarde, invertí en varias propiedades que exigían mi trabajo y onerosos pagos hipotecarios, así como en un negocio que tenía grandes cuentas y una nómina por pagar. En aquel tiempo, jamás se me ocurrió que tenía la opción de vivir sintiéndome libre y ligera. Hoy en día, sigo con la labor de liberar mi vida, deshaciéndome de propiedades, hipotecas y otras cargas que había adquirido.

Al volverme más consciente del Feng Shui y de la necesidad de liberar las cargas, me di cuenta de que sí tenía opción, de que era posible vivir libremente, sin tantas posesiones ni obligaciones por las cuales preocuparme. Muchos de nosotros estamos tan acostumbrados a las cargas y a las preocupaciones, que llegan a parecer normales. Mucha gente entra en mi oficina quejándose de que no está satisfecha con su vida. Cuando se sientan en la silla, observo que llevar fardos es uno de sus problemas, pues se ven como si estuvieran cargando un costal de piedras sobre sus espaldas.

Estas personas usualmente absorben los problemas de otros, a menudo los de su familia, y se aferran a ellos como si fueran propios. No podemos llevar la carga de otras personas, pero de cualquier manera tratamos de hacerlo. Pensamos que si sus vidas mejoraran, las nuestras también lo harán. Aunque como nuestra mente subconsciente trabaja de manera extraña, seguramente nos crearíamos otras cargas si no tuviéramos las de otros. Tengo clientes que han abandonado el control de su felicidad y lo ponen en manos de parientes, cónyuges o amigos. "Cuando ellos logren superarlo, entonces seré libre", dicen.

Yo trato de hacerles ver que este sentimiento se fijó en su niñez. De niños aprendimos a cuidar a los miembros de la familia. Inconscientemente nos sentimos responsables por los demás. Esto ocurre con frecuencia en hogares donde los padres son alcohólicos o parecen incapaces de cuidar de sí mismos. Otro patrón que surge a menudo es sentir vergüenza.

La vergüenza

¿Alguna vez has sentido que no perteneces al lugar donde estás o quizá te has sentido así la mayor parte de tu vida? Tal vez de niño no encajabas por completo en el grupo de compañeros de juego. Quizá te sentías solo aun entre una multitud. Tal vez transitaste situaciones que te llevaron a sentirte como un inadaptado.

Cuando recuerdo mi niñez, veo que pasé mucho tiempo observando desde la barrera, sin encajar del todo. En el jardín de niños era muy tímida y tenía miedo de acercarme a los demás. Yo no era como otros niños que podían caminar en medio de una multitud y encajar perfectamente. Yo sólo observaba con miedo de acercarme. Mis padres, sin querer, con su desaprobación, me infundieron un sentimiento de vergüenza por mí misma, que los maestros estrictos reforzaron. Mi inseguridad me llevó a creer que no sería aceptada. Tenía algunos amigos cerca de casa, pero me tomó mucho tiempo encontrar niños con quienes jugar en la escuela.

Cuando finalmente encontré niños con quienes platicar en la escuela, hablaba con ellos en clase y me castigaban por hacerlo. Recuerdo un incidente doloroso en el que me enviaron al rincón del salón, de cara a la pared, como castigo por hablar. Los incidentes como éste pueden dejar marcas indelebles en tu subconsciente, y quedarse contigo toda la vida.

Esto se manifiesta como vergüenza y la mayoría la tenemos. Con frecuencia viene a nosotros como de la nada. Nos encontramos en una situación que desata ese viejo sentimiento de humillación y repentinamente regresa esa vieja emoción. A veces nos despertamos por la mañana con una desagradable sensación en la boca del estómago.

La literatura esotérica nos dice que éste es uno de los sentimientos arraigados en nosotros vida tras vida. Aquellos que estamos conscientes espiritualmente y que creemos en la existencia de otras vidas, pensamos que probablemente fuimos avergonzados e incluso asesinados a causa de nuestro sistema de creencias en otras reencarnaciones. Al observar la historia, sabemos que mucha gente fue castigada por sus creencias en muchos países del mundo, que incluyen a Estados Unidos, en épocas recientes.

Esta vergüenza se encuentra enterrada en el nivel celular de tu cuerpo, al emerger para ser liberada, la sensación se puede intensificar. Esos sentimientos si son reprimidos, provocan que la gente agreda a otras personas. Mientras más condenamos o tratamos de castigar a otros individuos, más mal nos sentimos con nosotros mismos. Lo que nos disgusta en otras personas usualmente es una parte de nosotros que no queremos ver. Para estar realmente conscientes de nosotros mismos, necesitamos reconocer los sentimientos que albergamos. El trigrama de los ancestros nos recuerda que hay que soltar estos viejos mensajes para ser libres. Otro mensaje grabado en muchos de nosotros desde la infancia es la culpa.

La culpa

Nuestra sociedad tiene muchas reglas y si no las seguimos, somos puestos en evidencia y se nos hace sentir culpables. Nos sentimos culpables si hacemos algo natural; sentimos que hacemos algo incorrecto cuando disfrutamos lo que realizamos.

Aprendemos otros patrones, como que algunas cosas son aceptables y otras no; nuestra sociedad —ya sea nuestra familia o amigos— nos hace saber cuándo rompemos la norma.

Las madres son señaladas por hacer sentir culpables a los niños, a menudo por algo tan sencillo como enseñarlos a avisar cuando quieren ir al baño. A los niños se les enseña que deben sentirse culpables por muchas cosas, cosas de las que nosotras como madres, también sentimos culpa. Estoy segura de que esto es lo que a menudo provoca que los niños se rebelen.

Hay muchos niños etiquetados como perturbados emocionalmente, y existe mucha frustración en ellos. Les pedimos a estos niños que dejen de hacer cosas tan naturales como hablar entre si y moverse, ellos expresan su frustración por medio de enojo. En lugar de trabajar con sus instintos innatos, esperamos que se queden quietos y totalmente callados.

Cuando visito alguna escuela y veo que los niños hacen berrinches, pienso que quizá han sido frustrados en sus intentos por hacer lo que sienten, que es natural. Los pequeños se rebelan contra lo que les parece una disciplina irracional.

Este patrón de culpa puede seguir toda nuestra vida. En mi caso, mi padre me decía que no debía responderle ni expresar mi enojo. Tampoco debía permitirme ser muy feliz. De este modo, pasé muchos de mis años de juventud sintiéndome culpable por cualquier cosa.

En años posteriores solía sentir una ligera sensación de culpa por todo lo que hacía. Esto no me detenía, pero tampoco me permitía disfrutar plenamente. Aún lucho contra la culpa cuando tomo tiempo libre del trabajo o cuando me divierto demasiado.

Incluso el sobrepeso se puede relacionar con un sentimiento de culpa. Estoy segura de que a la hora de la comida te decían que había mucha gente muriéndose de hambre y que no debías desperdiciar el alimento. Trabajo con gente con sobrepeso en mi terapia, que se siente culpable, inconscientemente, si no se termina toda la comida del plato. Estos sentimientos y otros patrones enterrados con frecuencia atraen al caos a nuestras vidas.

La necesidad del caos

Muchos fuimos criados en un ambiente donde predominaban los conflictos, las luchas y la confusión generalizada. Nos acostumbramos a este tipo de vida, y lo sentimos familiar. Inconscientemente somos atraídos hacia él. Si existe mucha confusión en nuestra vida laboral o familiar, es porque la atraemos sin darnos cuenta. Quizá de manera consciente no nos guste, sin embargo, sabemos funcionar en ella.

Yo crecí con un padre que nunca podía sentirse satisfecho por nada. Su forma de expresarlo era con mal genio, que surgía por lo menos una vez al día, si no es que varias. Esto no le sucedía con sus pacientes, pero al estar con nosotros, su familia, desahogaba toda la frustración causada por las citas canceladas o perdidas y por los problemas económicos.

Yo aprendí que podía adoptar su temperamento en pequeñeces que hacía y decía, lo aprovechaba para sentirme rebelde y mostraba esas actitudes conscientemente. La atmósfera de mi casa cuando él estaba presente se convertía en un campo minado. Nunca sabías cuándo podías provocar una explosión. Yo me acercaba a él con la sensación de caminar sobre hielo quebradizo, siempre asustada de pisar demasiado fuerte por si se rompía.

Mi madre era más sutil con las cosas que la disgustaban. Era muy delicada, mostraba su desacuerdo de manera no verbal. Al mirar la expresión de su rostro, yo sabía que había hecho algo mal. De niño, de alguna manera te sientes responsable por el enojo de tus padres, piensas que tú lo provocaste y que sólo tú lo puedes remediar.

Además de la culpa, me acostumbré a que me etiquetaran de mala y a tener sentimientos caóticos todo el tiempo dentro de mí. Más tarde, al establecer relaciones de pareja, atraía a personas que duplicaban la sensación de caos. Creaba inconscientemente un ambiente de conflicto y disputa.

Vivía una constante agitación, intercalada con épocas de calma y amor que parecían subsanar el conflicto. Sin embargo, la culpa y las luchas brotan con rapidez siempre que existe algo fuera de lugar. Los niños que crecen en hogares similares aprenden a reaccionar de la misma forma, aun siendo adultos. Llamamos a este síndrome la necesidad de drama, y es parte de muchas familias. ¿Pero cómo limpiamos estos patrones?

Limpiar viejos patrones

Al limpiar mis casas cuando me he mudado de ellas, he reconocido los patrones que rigen mi vida y que deben ser liberados. Al simplificar mi vida y reducir mis posesiones, me siento dueña de la libertad y la quiero mantener. Reconozco que en el pasado muchas veces he aclarado el desorden, pero cargo demasiado pronto mi vida con nuevas posesiones y obligaciones. Para avanzar en nuestro camino, debemos enfrentar el impulso que nos lleva a crear esta carga.

El poder del Feng Shui está en analizar nuestras vidas a partir de los símbolos que nos rodean ya que definen quiénes somos. Cuando observamos los símbolos que nos acompañan, podemos preguntarnos si representan a la persona que queremos ser. Si la respuesta es no, veamos cómo cambiarlos.

Cuando estamos rodeados de cosas que no nos gustan y que no nos hacen sentir bien, nuestra energía disminuye. Si nos rodeamos de cosas que nos agradan, comenzamos a experimentar la paz en nuestras vidas.

Todos tenemos derecho de vivir libres de las cargas y el desorden. De hecho, no podemos ayudar a otros si llevamos cargas. Hay que pensar en el desorden, que incluye al entorno, las posesiones, el trabajo y las relaciones. ¿Hemos acumulado desorden en estas áreas? ¿Tenemos relaciones apagadas que ya no nos hacen sentir bien? ¿Estamos en un empleo que ya no nos sirve?

Para mí, analizar los símbolos me ayudó a entender qué pasaba con mi vida. Al limpiar mi espacio, noté que había muchas posesiones en mi casa, demasiada ropa en el clóset y mucho trabajo por realizar. Lo mismo que cosas, tenía demasiadas obligaciones y compromisos con la gente. Entendí que esto era lo que con frecuencia me hacía sentir tan abrumada.

Comencé con mi clóset y me deshice de la ropa que ya no volvería a utilizar. Tenía demasiadas prendas que ya no eran apropiadas para mí. Al experimentar cambios en nuestro interior exudamos una nueva energía que requiere también de cambios en el exterior.

Regalé objetos que representaban otras épocas de mi vida. Sólo me quedé con lo que definía mi estado actual.

Al examinar mis múltiples obligaciones, descubrí quehaceres que ya no disfrutaba. Me hice la pregunta: "¿Esto me provoca regocijo?" Si la respuesta era no, encontraba una forma agradable de expulsarlo de mi vida. Renuncié a muchos clubes y comités.

¿Estaba haciendo el trabajo por dinero o por el placer de hacerlo? Me preguntaba si realmente quería pasar el tiempo realizando esas actividades. Empecé por concentrarme en lo que me hacía sentir bien, aunque no me diera tanto dinero. Sabía que el dinero vendría con el tiempo.

Me aparté de mis relaciones y me pregunté si algunas de ellas estaban desgastando mi energía. Me he alejado de las relaciones problemáticas. Aprendí la lección y seguí mi camino amorosamente, dejando libres a aquellas personas para aprender sus propias lecciones.

Toda la literatura esotérica señala que no nos podemos vincular con el Espíritu si estamos inmersos en el drama, que hay que soltar nuestros patrones, con el fin de recibir con claridad nuestra guía espiritual.

Al saber que los conflictos son lecciones para nosotros y que la mayoría de las cosas que nos molestan están dentro de nosotros, encontramos una nueva y tranquila forma de vivir. Una vez que sientes tranquilidad y tu vida está en orden, ya no puedes volver al caos anterior. Como permanecerá lejos de ti, atraerás situaciones pacíficas a tu vida.

Al limpiar el pasado, es importante no olvidar dónde hemos estado. Con el tiempo, nos hacemos más viejos y sabios, y tenemos más elementos para contribuir con la sociedad si compartimos nuestras experiencias y conocimientos con los demás. Este trigrama nos recuerda que hay mucho que aprender de nuestros ancestros y de la gente mayor que nos rodea.

Respeto por los mayores

Por medio de mis contactos, cuando visité Hong Kong dediqué mucho tiempo a visitas sociales a familias chinas. Las situaciones no me eran ajenas pues me recordaban mi trabajo con estudiantes chinos años atrás. Ellos manifestaban un sentimiento de profundo respeto y honor, difícil de encontrar en la cultura estadounidense. Como sus parientes estadounidenses les pidieron que me trataran como un miembro de la familia, tenía la impresión de que dejaban sus tareas para atenderme. Cuando yo hacía algo por ellos, se sentían profundamente agradecidos. Los chinos respetan la educación y honran el proceso de envejecimiento.

¿Cuál es el sentimiento de conexión que existe entre estas personas? En particular, en Hong Kong, donde las familias a menudo coexisten en entornos pequeños, deben encontrar la forma de llevarse bien. Desde niños se les enseña a honrar a sus mayores y a la sabiduría que se adquiere con la edad.

Eso es algo de lo que carece nuestra sociedad. Nuestra cultura valora sólo a los jóvenes y nos enseña a pensar que los viejos están pasados de moda y no tienen nada que ofrecernos. Mi padre solía decir: "Nuestra generación está en la línea de fuego". Con esto quería expresar que su generación estaba muriendo y no era honrada, sino considerada como una fila de personas que esperan su ejecución.

Al hacerme mayor de alguna manera entiendo este sentimiento. Ahora que he vivido más y que tengo una perspectiva más amplia de todas mis experiencias, descubro que mi edad y mi conocimiento no son reconocidos por los jóvenes.

Lo que me maravilla de la cultura china es ese respeto por el proceso de envejecimiento. De sus raíces culturales, tan erosionadas hoy en día, proviene el entendimiento de que la longevidad va de la mano con la sabiduría. En nuestra cultura, experimento los sentimientos encontrados que me provoca volverme vieja, de pasar la flor de la vida, de anhelar el cuerpo juvenil de años anteriores. Especialmente a las mujeres, la presión social nos indica que debemos mantener un rostro y un cuerpo con apariencia juvenil. Algunas de nosotras llegamos al extremo de hacernos cirugías faciales y corporales.

Al realizar mis ejercicios de Qi Gong y comprender cuál es mi lugar en este universo, sé que, en términos de intelecto y sabiduría, estoy llegando a mi plenitud. Incluso físicamente, estas prácticas aumentan mi vitalidad y longevidad.

En las tribus indígenas, son los viejos los que crían a los niños, transmitiéndoles la sabiduría obtenida en tantos años. Nuestra sociedad tiene que aprender a honrar el proceso de envejecimiento. Desde una perspectiva terrenal, envejecemos y nos volvemos más sabios; desde una perspectiva espiritual, nunca envejecemos. De hecho, no existe el envejecimiento. Hay algo atemporal y sin edad en nosotros con lo que siempre estamos en contacto.

Estamos tan absortos en nuestras experiencias cotidianas, que nos olvidamos de la razón por la que estamos aquí. Una manera de poder entrar en contacto con esta parte de nosotros, es respetar la edad y el conocimiento de otras personas. Cuando nos concentramos en la bondad de los demás, nos sumergimos en la verdadera comunión del hombre.

Vemos más allá de la torpeza, el ruido e incluso la violencia de los otros y les decimos en silencio: "Tú no sabes quién eres, pero yo sé que eres un ser espiritual". Hay una intención de respeto y honor cuando haces esto, que luego regresa a ti. Lo sé gracias a mis amigos chinos, sus acciones están más allá de la razón. Es como si existiera un antiguo código que habla dentro de ellos y los dirige sin ser conscientes de él. Nos recuerdan, por medio de sus tradiciones, que del pasado provienen valiosos mensajes de paz, armonía, sacralidad y reverencia.

Mensajes de los ancestros

Hay mensajes de los mayores que parecen inútiles en nuestra sociedad. Al acompañar en una casa de cuidado de ancianos a mi madre, quien tiene 94 años y está en silla de ruedas inconsciente de su realidad, pienso en cuál es el significado que tiene la vida para ella y otros residentes del lugar.

En ese estado, no dan la impresión de tener mucho que aportar, pero yo sé que guardan un mensaje no dicho para nosotros. Mi madre se ha vuelto angelical en estos años y aunque no está consciente de quiénes son las personas con las que convive, es muy agradable con los trabajadores del asilo. Tiene recuerdos del pasado, los de sus primeros años son selectivos y agradables.

Hay otras personas en la casa-hogar que parecen estar atormentadas por el pasado y transcurren sus días diciendo groserías, golpeando e insultando al personal y a los visitantes. Como psicóloga, pienso que las primeras experiencias que permanecen en sus mentes subconscientes deben de ser muy desagradables para provocar reacciones tan violentas. Creo que estas personas se encuentran atadas a sus problemas no resueltos a lo largo de su vida. Mi madre y otros ancianos como ella parecen haber superado los asuntos emocionales y están más influidos por el Espíritu.

Mantenemos vivos a los ancianos mucho más tiempo gracias a la medicina moderna, pero debe existir una razón espiritual para que sigan aquí. ¿Cuáles son los mensajes que tienen para nosotros?

En primer lugar, el mensaje que recibo es que debemos trabajar nuestros asuntos emocionales de los primeros años, para que no nos afecten más tarde. Lo que ha sido enterrado surge en momentos cruciales y permanece contigo hasta que lo superas. Estos primeros síntomas fueron ignorados por los que ahora son ancianos, vivían sus vidas sin poner atención en la profundidad de sus sentimientos. He visto a hombres y mujeres mayores reescenificar conflictos pasados con hermanos, hermanas y padres. Con tal de no arriesgarse en sus primeros años suprimían su arrepentimiento y remordimiento, los sentimientos reprimidos emergen del subconsciente. A pesar de que muchos de ellos están cerca de morir, no se han conciliado con sus vidas y no están en paz.

El mensaje de aquellos que como mi madre han superado sus primeras experiencias, es vivir enteramente en el presente. Mi madre no está consciente del pasado ni del futuro. Sólo se ocupa de lo que le ocurre en este momento. Los tormentos del pasado se acabaron y no le preocupa el futuro. Si pudiéramos vivir nuestras vidas de esta forma nos conectaríamos con la guía del Espíritu que existe dentro de nosotros. Cuando estoy con mi madre, a menudo tengo la sensación de que está escuchando la voz del Espíritu, lo que le permite estar feliz y contenta.

¿Qué me habría perdido si no hubiese tenido esta experiencia con mi madre, si ella no hubiera sobrevivido hasta este punto de su vida? ¿Cuál ha sido el mensaje para mí? En sus primeros años, siempre estuvo interesada en el dinero y las posesiones. Cuando se enfermó, le enseñé un anillo de diamantes que significaba mucho para ella, y lo miró sin reconocerlo. Durante años se había rehusado a abandonar su casa porque su padre la construyó. Después de que se enfermó, ni siquiera la recordaba. La enseñanza aquí es desprendernos de nuestras posesiones porque a la larga no significan nada. No las podemos llevar con nosotros al momento de partir.

Los mensajes de estas personas mayores confinadas en asilos son más para el personal y los visitantes. Ellos viven para cuidar de los ancianos, no para sí mismos. Nunca he visto tanta paciencia y compasión como las demostradas por los cuidadores de esta casa-hogar y de otras que he visitado. Los residentes se comportan como niños y necesitan atención. El personal que los cuida lo hace con tanto empeño, que nos permite mirar nuestras vidas y pensar en cómo llevar la vejez con dignidad.

Los ancianos nos enseñan cómo traer paz a nuestras vidas y desconectarnos de los deseos superfluos. Nos permiten recordar nuestras raíces ancestrales y la manera en que podemos contribuir con la siguiente generación.

Ejercicio para limpiar el pasado

Respira profundamente y permanece en paz mientras te haces estas preguntas:

¿Sientes que te pesan las situaciones y la gente? Si es así, ¿cómo sientes esta carga? A menudo sentimos que las comprime nuestro estado de ánimo y las emociones.

¿Sientes vergüenza fácilmente? Reconoce los momentos en que te sientes avergonzado. Sin duda se remonta a una etapa temprana de tu vida.

¿A menudo te sientes culpable? Como en la pregunta anterior, reconoce cuándo te sientes así y busca la relación con un periodo temprano de tu vida.

Observa tu entorno. ¿Qué te dice acerca de lo que ocurre en tu vida? ¿Tienes que liberar posesiones, obligaciones, cargas e incluso algunas relaciones?

¿Aún atraes el caos a tu vida? ¿Estás dispuesto a ver que hay una forma más pacífica de vivir?

Visualiza una situación que normalmente te provoque culpa, vergüenza, caos o lucha. Recrea la escena en tu mente y piensa lo que provoca estos sentimientos desgastantes. Ahora vamos a aprender a cambiar de lugar.

Imagínate en la situación anterior, pero ahora completamente relajado y en calma. Si no puedes imaginarla elige un momento similar. Haz esta escena tan real como te sea posible. Ve la ropa que estás usando, siente lo que estás viendo, escucha, toca, saborea, huele. Mientras más involucres tus sentidos y más real sea la escena, te será más fácil crearla en tu vida. Siempre que sientas que actúas bajo una respuesta condicionada, trae de inmediato a tu mente esta escena de paz. Mientras más lo ejercites, provocarás que los viejos sentimientos sean reemplazados por la nueva reacción de paz. Permítete sentir el orgullo y la satisfacción que recibes al superar la vieja respuesta condicionada. Si haces esto con regularidad, estás creando una nueva y poderosa respuesta.

Afirmaciones

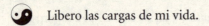 Libero las cargas de mi vida.

Libero la vergüenza y la culpa.

Libero el caos de mi vida.

Utilizo los mensajes útiles del pasado para guiarme en el presente.

Feng Shui para tu entorno

Ésta es la parte de tu hogar que enfatiza los ancestros o los mensajes útiles del pasado. El elemento es la madera. Las sugerencias son:

Fotos de los padres o ancestros.

Símbolos o fotos de cualquier persona del pasado cuya vida tenga ahora un significado para ti.

Cualquier objeto de madera y formas tubulares o de columnas, como los pilares.

Impresiones florales, telas rayadas; todo esto representa la madera.

El color verde.

Plantas o imágenes de árboles o bosques.

Trigrama de la riqueza

El trigrama de la riqueza, el *sol*, está formado por dos líneas continuas sobre una línea discontinua. En términos de la familia arquetípica, representa a la hija mayor. Este trigrama simboliza el viento y la penetración persistentes. Representa la acumulación gradual de riqueza con paciencia y autocontrol. Es elemento madera y sus colores son los de ésta —café y verde— y el morado, que surge de la mezcla entre el verde del trigrama de los ancestros y el rojo del trigrama de la fama. Se encuentra en la esquina sureste de tu casa.

En el bagua, el sol está frente a los benefactores, y ambos se relacionan. La acumulación de riqueza usualmente tiene que ver con la ayuda que los demás nos dan y la que nosotros brindamos, al darles dinero o apoyar su crecimiento en diversas formas. El concepto de riqueza se refiere no sólo al dinero, sino a las bendiciones de todo tipo.

En esta área, veremos qué significa la abundancia, cómo nos enfrentamos a la riqueza y la prosperidad, los miedos y patrones que impiden que los obtengamos, y cómo podemos abandonar el camino de la lucha y atraer abundancia.

La abundancia es un estado mental

Muchos pensamos que nuestros problemas desaparecerían si tuviéramos más dinero. Sin importar cuán importante sea, el dinero es sólo una forma de abundancia. La abundancia es un estado mental que abarca la paz interior, disfrutar del tiempo, el amor y todas las demás cosas buenas de la vida, incluyendo el dinero.

Para alcanzar este estado mental, tenemos que liberar el rígido condicionamiento que nos mantiene en la carencia y la limitación. Ya que el dinero es la forma más obvia de abundancia, analicemos de cerca al dinero para descubrir qué nos revela acerca de nuestra mente.

El dinero juega un papel muy importante en la vida, existen muy pocas cosas que podemos hacer sin él. Es necesario para subsistir, pero le damos más valor del que realmente tiene. De hecho, un estudio realizado hace varios años por un departamento de investigación de una reconocida universidad descubrió que el dinero era la preocupación más grande de la gente y lo que la hacía más feliz —y más infeliz.

¿Qué es en realidad el dinero? Es el medio de intercambio que el mundo ha encontrado para otorgar bienes y servicios. Sin embargo, el dinero no tiene valor por sí mismo. Lo que le da relevancia es el valor que le asignamos. Lo perseguimos con el fin de satisfacer nuestros deseos, que se traduce en acumular "cosas".

Ya que está tan bien posicionado en todas las culturas, pasamos una gran cantidad de tiempo tratando con el dinero, obteniéndolo y gastándolo. Casi a diario realizamos una transacción, compramos en la tienda, vendemos o ganamos dinero trabajando. Tenemos un fuerte vínculo con el dinero y sentimientos poderosos hacia él, aunque sean inconscientes. Es necesario conocer los sentimientos que el dinero nos provoca, pues dicen mucho de nosotros mismos.

¿Cómo desarrollamos nuestro apego al dinero? En este mundo, es fácil sentir que estamos a merced del sistema económico. Pensamos que no tenemos poder para hacer dinero y que es posible perderlo en el momento que ocurra un desastre económico, recesiones, etcétera. De hecho, el pensamiento general de la población es el que crea las recesiones. El mercado de valores, por ejemplo, sube y baja con la impresión de la gente sobre las decisiones políticas, los grandes negocios y en general las condiciones mundiales.

Somos bombardeados frecuentemente por el pensamiento negativo de la gente que nos rodea. Escuchamos afirmaciones como: "Si no tienes cuidado, perderás todo tu dinero", o "El dinero es limitado", o "El dinero no se da en los árboles", o "Guarda tu dinero para las vacas flacas". La filosofía de nuestra sociedad crea carencias de todo tipo.

Yo creo que nos enfrentamos al dinero del mismo modo que a la vida. Si somos tacaños con el dinero, somos tacaños con la forma en que vivimos. Aquellos que tienen miedo de gastar el dinero, tienden a vivir una vida muy limitada, sin disfrutar de sí mismos ni entregarse plenamente en sus relaciones.

Si tememos perder nuestro dinero, incluso si somos ricos, también nos aferramos a otras cosas de nuestra vida, especialmente a las emociones. Conocí a una mujer que era muy rica pero siempre tenía miedo de perder su dinero. Finalmente murió a los cuarenta años de cáncer de colon, enfermedad que se ha relacionado con el patrón de las emociones reprimidas.

Permitimos que nuestros sentimientos de autoestima suban y bajen según nuestra habilidad para producir dinero. Si tenemos un buen trabajo y ganamos muy bien, sentimos que somos valiosos y la sociedad nos reconoce por lo que hacemos.

Incluso entonces, estamos en contacto con nuestra baja autoestima enterrada en lo profundo del subconsciente, el amor a uno mismo no tienen nada que ver con la acumulación de riqueza.

A los hombres se les enseña que su valor está en el tipo de trabajo que tengan y en el dinero que ganen. Los hombres y las mujeres que tienen buenos empleos y riqueza material no son necesariamente felices, nosotros, como sociedad, empezamos a cuestionar el valor de esta idea. De nuestra habilidad para atraer y mantener el dinero podemos conocer los viejos patrones emocionales que hay dentro de nosotros.

Si te vuelves consciente de tus sentimientos sobre el dinero notarás cómo han influido en ellos las ideas que han expresado tus padres o las demás personas que te rodean, así como la forma en que ellos actuaban con respecto al dinero. Estas impresiones tempranas se almacenan en el subconsciente, y en cualquier momento que se nos atraviesa una situación similar, emergen los viejos patrones de reacción automática. Por ejemplo, si fuimos criados con padres que se preocupaban por el dinero en Navidad, podríamos comenzar a sentir que se dispara esa preocupación cada Navidad, incluso ahora que tenemos dinero.

¿Cómo se sentían y hablaban tus padres del dinero? ¿Era algo que parecía llegar libremente a ellos, o era algo que creían difícil de obtener? ¿Hablaban con libertad del dinero o era un tema prohibido? ¿Estaba asociado a la felicidad, el bienestar y la autoestima, o a las cargas y los problemas?

Aquellos que luchan contra asuntos monetarios, usualmente han sido condicionados con el patrón de que el dinero es un problema, es difícil de obtener y no merecemos tenerlo. Además de lo que hemos escuchado de nuestros padres, esta idea existe en la mayor parte de la sociedad hasta el día de hoy. Hay miedos comunes asociados al dinero.

Miedos y patrones asociados al dinero

Los miedos más comunes son el miedo al fracaso, al éxito, al rechazo, a la muerte, a lo desconocido y a la pérdida.

El miedo al fracaso puede impedir que tengas tu propio negocio o que hagas algo que te ponga en riesgo. Y, al contrario, puedes hacer cosas aventuradas que no funcionen, sin admitir que tienes este miedo.

El miedo al éxito usualmente es negado y suprimido, pero un indicador de él son los celos o la envidia que produce la gente exitosa. Podrías encontrar que tienes miles de excusas de por qué no tienes éxito, o que te saboteas cuando obtienes algún triunfo o estás en camino de alcanzarlo.

El miedo al rechazo a menudo viene si tenemos que vender un producto o nuestros propios servicios. Debido a este miedo, con frecuencia permanecemos en situaciones por las que no tendríamos que haber pasado un minuto más. Podríamos quedarnos en empleos que nos disgustan y no probar algo que signifique un reto.

Hacer dinero se refiere a "hacer algo para vivir", de manera que no tenerlo se puede traducir en la muerte. Este miedo innato nos permite hacer cualquier cosa para ganar dinero, incluso, quedarnos en un trabajo que odiamos.

Si tienes miedo a lo desconocido, quizá nunca te arriesgues ni hagas cambios en tu vida para poder sentirte seguro. El miedo a la pérdida también puede impedir que inicies una nueva empresa, especialmente si hablamos de negocios, aunque en los demás aspectos de la vida es igual.

La vergüenza también es un patrón: la vergüenza de no tener lo suficiente, de tener más que otras personas, de desear tener dinero. Sucede que hemos aprendido de nuestros padres o de instituciones religiosas que es incorrecto tener mucho dinero. El famoso adagio "el dinero es la raíz de todo mal" no está bien citado, pues en verdad era "el amor al dinero es la raíz de todo mal". Lo importante es nuestra actitud hacia el dinero.

Más que cualquier cosa, mostramos nuestros patrones generales en la vida sobre asuntos de dinero. Si no nos apropiamos de nuestro poder, dejaremos el control del dinero en manos de otras personas. Quizá nos aventuremos en inversiones riesgosas sobre las que no tenemos control y perdamos nuestro dinero.

Creamos la mentalidad de "soy una víctima" y nos involucramos en negocios que nos dejan bajo el control de otros. Cuando las cosas van mal, nos encontramos a merced de las decisiones de otros y nos sentimos víctimas de esas personas.

La mentalidad de "la vida es una lucha" nos mantiene luchando siempre por hacer dinero y conservarlo. Elegimos formas de hacer dinero que nos sintonizan en el "canal de lucha". Una de las formas en las que esta mentalidad de lucha es más evidente es en la acumulación de deudas.

Si hoy en día estás luchando contra la falta de dinero en tu vida, probablemente se debe a uno o más de estos patrones. Observemos más de cerca las deudas como ejemplo de cómo estos patrones pueden ser perpetuados.

Las deudas

No hay ningún lugar más obvio para el patrón de "la vida es una lucha" que el concepto de deuda. Con la introducción de las tarjetas de crédito, e incluso antes de eso, las hipotecas, muchos adquirimos deudas. Nos hemos acostumbrado a obtener rápida y fácilmente las cosas y preocuparnos después por obtener el dinero.

A menudo ocurre que el día de corte no tenemos el dinero y pagamos sólo el mínimo mensual de las tarjetas de crédito o los intereses de la hipoteca y así nunca saldamos la deuda. Nuestra vida se convierte en un círculo vicioso, pues con el dinero que ganamos pagamos intereses mensuales.

Yo creo que la deuda es producto de la ansiedad por tenerlo todo rápido (gratificación inmediata). Y más aún, es una filosofía subyacente en la mayoría de nosotros. Hemos aprendido que la vida es una lucha y que estar sumergidos en las obligaciones es la forma en que debemos vivir.

Por generaciones, el trabajo y la fatiga han sido el ejemplo de una buena vida, si no vivimos así, nos debemos sentir culpables. Aunque paguemos una deuda, la mayoría de nosotros pronto adquiriremos otra.

Sé de esto porque he estado atrapada en esta mecánica de tarjetas de crédito por muchos años. Cuando me inicié en los negocios, parecía la forma más fácil de pagar las cosas hasta que me di cuenta de que estaba sumida en un hoyo. Liquidé mis deudas muchas veces, pero siempre adquiría más, usualmente por cosas para mis negocios que consideraba necesarias.

Siempre me siento tan libre cuando liquido todo, pero de inmediato adquiero nuevas deudas que me atrapan. Inconscientemente me acostumbré tanto a la idea de lucha que no me sentía bien sin ella. Es similar a lo que ocurre en una relación cuando estamos acostumbrados al conflicto de años previos. Decimos que no nos gusta, pero lo recrearemos una y otra vez hasta hacernos conscientes de nuestro patrón.

¿Cómo salirnos de este interminable ciclo de deudas? No creo que destruir todas las tarjetas de crédito logre cambiar nuestro patrón. Al transformar nuestro esquema mental, aprenderemos a utilizarlas responsablemente.

Nuestra cultura se basa en el consumo de energía, ya sea por el ritmo en que vivimos, por nuestras exacerbadas respuestas emocionales o el énfasis en el consumismo. Se nos enseña a quemar energía, no a preservarla. Las prácticas taoístas presentadas en este libro nos ayudan a conservar y hacer crecer nuestra energía, de manera que tengamos una buena reserva para gastarla cuando la necesitemos.

Del mismo modo, podemos preservar y acrecentar la energía del dinero, lo primero es reconocerlo como una forma de energía. Lo segundo es abandonar la idea de que debemos luchar para conservarlo. La vida sin deudas es liberadora. Incluso las hipotecas cuantiosas se pueden pagar con el tiempo.

Lo principal es desprendernos del sentimiento que provocan las obligaciones pesadas. Con ese sentimiento sólo seguiremos adquiriendo deuda tras deuda o atrayendo algo que pese sobre nosotros. En la siguiente sección, describo cómo los patrones me han detenido en la vida. Llamo "Ilusiones de grandeza" a esta sección porque, al mirar hacia atrás, descubro que en esos periodos de mi vida vivía en una ilusión.

Ilusiones de grandeza

Los que vivimos con la idea de que "la vida es una lucha" a menudo somos atraídos inconscientemente por esquemas que en la superficie parecen buenos, pero que erosionan nuestras finanzas y nos dejan en posición de combate.

El trigrama de la riqueza hace énfasis en la producción gradual de abundancia por medio de la persistencia, pero muchos de nosotros nos atoramos en esquemas falsos que nos prometen obtener dinero rápido. Siempre estamos en busca de algo que nos proporcione libertad financiera y el estilo de vida que soñamos. Es importante saber que la única forma de obtener esa ansiada libertad es romper nuestros patrones debilitantes.

Perdía dinero una y otra vez en diferentes inversiones, hasta que me vi forzada a observar qué estaba haciendo. Cuando fui honesta conmigo, descubrí que repetía varios patrones de autoderrota con respecto al dinero.

Aún así, continué con la idea de que "la vida es una lucha" participé en negocios que demandaban mucho tiempo y energía, los negocios estaban bajo mi dirección, gané muy poco dinero. Primero quedé encantada con una tienda de ropa, y la adquirí; siguiendo el consejo de alguien más que me dijo que era un negocio rentable no analicé la situación. Me metí de lleno en él, adquirí muchas deudas y me rehusaba a admitir el fracaso, luché por mantener vivo el negocio diez años. Hipotequé mi casa para conseguir más dinero y para salvar el negocio, invertí todo mi salario, pues tenía que trabajar en otro lugar para mantenerlo. Extrañamente, la tienda de ropa aún está en operación; pero para la persona que me la compró también ha sido una lucha mantenerla.

En ese entonces fijé una idea más en mi cabeza: "soy una víctima", todo sucedió al invertir mi dinero en tierras y propiedades, utilicé gran parte de mis ahorros y los perdí. Yo confiaba en las personas con quien hacía los tratos, me decían lo que yo quería oír. Creí en sus discursos de libertad financiera, sin detenerme a pensar en mis intereses.

Mi siguiente gran inversión bajo la idea "soy una víctima" fue en un yate de 1966, se suponía que haría un negocio de transporte de pasajeros con un socio que parecía estar muy interesado, y que al final se retiró y me dejó sola. Este negocio consumió mucho dinero durante siete años, hasta que decidí donar el bote. Como lo describo en otro punto, el yate tenía un propósito espiritual, pero representaba un gasto desde el punto de vista financiero. En este negocio yo estaba a cargo de los trabajadores y capitanes, luchaba incansablemente por pagarles a tiempo, pues sabía que no podría dirigir sola el yate de dieciséis metros.

Si hubiera utilizado el dinero perdido para invertirlo, ahora sería multimillonaria. En lugar de eso, fui atraída inconscientemente a las inversiones que representaban una lucha y me arrancaban el dinero. ¿Qué me llevaba a hacerlo?

Al creer que obtener dinero representaba una lucha difícil de vencer, creé situaciones que lo confirmaban. Pude haber fabricado un estilo de vida agradable, pero estaba segura de que debía luchar, inicié negocios que demandaban mucho trabajo y que me mantenían en lucha por el dinero.

Todas estas inversiones fueron muy riesgosas y ninguna tan inteligente como las que mis padres hubieran hecho. Quizá inconscientemente, me rebelaba contra mis padres, pues ellos no aprobaban ninguna de mis decisiones financieras. En un nivel, trataba de impresionarlos, y en otro, probar que efectivamente era incapaz de lograrlo.

¿Por qué me inclinaba a esas elecciones? Creo que había muchas razones. La primera es que necesitaba permanecer en la idea de lucha, además, tenía varios patrones relacionados con el miedo al éxito y con no merecer el dinero, existía una parte de mí que necesitaba estar bajo el control de otras personas para complacer mi idea de "víctima". Hay infinidad de procesos inconscientes que ocurren al mismo tiempo. Cuando estamos inmersos en patrones desgastantes, lastimarnos es parte del proceso. Inconscientemente, lo que nos sucede es una manera de probar que no podemos conservar el dinero o que no merecemos tenerlo.

Hay lecciones que aprender de las crisis financieras. Si hubiera tomado decisiones inteligentes con respecto a mi dinero lo habría multiplicado y quizá nunca me hubiese observado, ni interesado por mi desarrollo espiritual. Hay una razón espiritual para que exista la adversidad.

Años después, tras hacerme consciente de mis patrones, me encontré con uno de los hombres que me había "victimizado", llevándose mucho de mi dinero. Me envolvió con el proyecto de grandes desarrollos que me permitirían desahogo financiero.

Después de llevarse mi dinero y el de otros, continuó defraudando a la gente y emigró a España, temeroso de regresar y enfrentarse a su familia y amigos. Más tarde perdió todo el dinero, y fue traído de vuelta en una ambulancia aérea a consecuencia de un infarto.

Cuando lo vi después de tantos años, me fue difícil no enojarme con el hombre que huyó con mis ahorros provocando momentos muy difíciles en mi vida. Gracias a mi postura actual, pude superar la furia y logré ver el cascarón de un hombre que lo había perdido todo. Esperaba una disculpa, pero él no dio indicios de sentir remordimiento, parecía estar más disgustado por haber perdido lo que valoraba. Sólo hablaba del dinero que tuvo en el pasado.

Le recordé que existía alguna lección detrás de esto, además de una razón para que aún estuviera vivo. En lugar de tratar de ver el significado espiritual, estaba perdido en el pasado, culpando a los demás por su condición actual. Lo dejé, feliz de haberlo enfrentado sin amargura. Verlo de nuevo me afirmó el cambio que ocurrió en mi vida. Finalmente entendí que el dinero, por sí mismo, no era la panacea que yo creía. Si no tenemos la convicción de primero "ser", jamás seremos capaces de "hacer" y de "tener" verdadera abundancia. En la siguiente sección, observo cómo este pensamiento es un paradigma para la mayoría de nosotros en nuestra cultura.

Ser, hacer, tener

En este mundo se nos ha enseñado a perseguir las cosas que creemos que necesitamos: estatus, poder, educación y dinero. Debemos alcanzarlas con el fin de ser felices. El paradigma mundano señala que: primero "tener", luego "hacer" para "ser" feliz, estar satisfecho, etcétera.

Por ejemplo, me enseñaron a procurarme educación para tener las actividades que se traducirían en dinero y la posibilidad de alcanzar lo que fuese significativo para mí. La teoría era que la educación me colocaría en trabajos de los que obtendría dinero y posesiones, así la familia podría hacer cosas que disfrutaba: ir a clubes campestres, viajar por todo el mundo, etcétera. Estas cosas nos harían felices.

Vi a mis padres pasar mucho tiempo preocupados en invertir dinero en el mercado de valores, al tiempo que mi padre trabajaba muy duro como dentista para que pudiéramos tener cosas —la casa, los autos, la ropa, etcétera. Pero en el fondo había una ausencia de sentido en sus acciones.

Aunque producían dinero, siempre estaban preocupados por el momento en que bajarían sus acciones. Cuando más tarde comencé a invertir mi dinero en tierras, mi padre decía que la tierra era una inversión pobre ya que su valor podría descender con mucha rapidez. Desde mi inexperiencia pensaba que todas las inversiones tenían este problema. Todo lo que era controlado por la gente podía subir y bajar a su antojo. Era claro para mí que no había nada seguro en las inversiones, así que tenía que haber una contraparte, algo más allá que nos diera seguridad.

Si piensas que hacer las cosas depende de que tengas liquidez o posesiones, tu seguridad puede quebrantarse en cualquier momento. Mi padre solía decir que yo no podía o no debía hacer algo, por ejemplo un viaje, hasta que tuviera suficiente dinero para realizarlo. Cuando contara con el dinero suficiente para hacer lo que deseaba, entonces podría ser feliz.

Mientras crecía notaba que los momentos en que era más feliz no estaban relacionados con tener cosas. Disfrutaba de sentirme rodeada por la naturaleza, admirando su belleza y de algún modo conectándome con ella, tal vez porque ésos eran los instantes en que me podía comunicar con mi lado espiritual. A través de la naturaleza vemos que existe algo más allá de nosotros mismos, tal vez el orden divino del universo.

Sin embargo, cuando me casé seguí el paradigma que me habían enseñado, buscando posesiones (la gran casa, los autos, etcétera) para poder hacer cosas (jugar tenis, ir a restaurantes caros, suscribirme a un club campestre, hacer viajes agradables, etcétera), y sentía que con esto debía ser verdaderamente feliz. Descubrí que mi vida, al igual que la de mis padres, estaba vacía. Tenía los recursos para ser capaz de hacer las cosas que me hacían feliz. Entonces, ¿por qué me sentía así?

Decidí dejar mi primer matrimonio y volver a la escuela para prepararme más. Quizá esto aumentaría mi felicidad. Mi formación profesional me había ayudado mucho para ubicarme en el trabajo que elegí, pero por sí misma no me hacía feliz. Pensé también que necesitaba iniciar otra relación, ya que mi matrimonio no funcionaba, aunque podía tener cosas materiales.

En mi segundo matrimonio traté de poner énfasis en construir la relación, hasta que encontré que estábamos perdidos en la búsqueda de posesiones, pensando que nos traerían la felicidad. En una misma época tuve una tienda, una cabaña, dos casas, un condominio, un departamento y un yate. Cada una demandaba mucho tiempo y dinero. Al ver cómo disminuía mi dinero, aumentaba la angustia y la presión. Ni siquiera pensaba en las relaciones o la felicidad.

Fue tanto el dinero que perdí en cada uno de estos negocios, que ya no pude seguir pagándolos. Mi matrimonio se había fracturado por la presión. Como resultado de tantos problemas, en busca de consuelo, volví mi atención al mensaje de los escritos espirituales. Pude escuchar que mi yo interno me decía que estaba buscando la satisfacción en los lugares equivocados.

Empecé a analizar mis posesiones y a preguntarme si me habían hecho feliz. Descubrí que sólo había obtenido de ellas placer temporal, la respuesta fue no. Lo que me daba placer era ir a mi cabaña y caminar en el bosque, nadar en el lago, o sentir la paz y la inmensidad del océano a bordo de mi yate. Podía seguir disfrutando de esas cosas sin la posesión.

Al dejar ir mis posesiones y simplificar mi vida, me sentí tan liberada que pude volcar mi atención en las lecturas espirituales y el estudio de prácticas como el Qi Gong, el Tai Chi Chuan y el Feng Shui. Estas disciplinas me hicieron descubrir que existía una parte de mí que olvidé por muchos años, en la búsqueda de alcanzar cosas materiales.

Me di cuenta de que si me convirtiera en una persona más espiritual, amorosa y solícita, podría encontrar la felicidad que buscaba. ¿Cómo poder ser más espiritual? La única forma en que lograría saberlo era compartir lo que estaba aprendiendo con otras personas, tenía más sentido cuando lo explicaba a mis clientes y amigos, podía transmitir lo que sentía a otros por medio de mis acciones.

No somos conscientes de que tenemos que "ser" de una cierta forma para "hacer" las cosas que son significativas y luego "tener" las cosas que son importantes para nosotros. Para ser felices, tenemos que encontrar la felicidad dentro de nosotros, el Espíritu interior, la conexión con lo divino, que conocemos cuando la compartimos con otros.

No podemos compartirla artificialmente. Debe ser sincera, con el corazón. La vieja frase "fíngelo hasta que sea real" es una utopía, cuando no somos sinceros, nuestro inconsciente lo sabe y lo que sentimos es falso.

Cuando deseamos felicidad, dinero o cualquier otra cosa, necesitamos abandonar el miedo y dar a alguien más lo que deseamos para nosotros mismos, milagrosamente tendremos lo que queremos. Con esta actitud condicionamos a nuestra mente inconsciente a pensar que tenemos suficiente, tanto como para compartirlo con alguien más, y la convencemos de que así es. Formamos una energía que atraerá a nosotros las cosas que nos permitan avanzar en nuestro camino. Cuando nos concentramos en sentirnos bien, todo lo que necesitamos vendrá a nosotros. Incluso lo que no tenemos en exceso podemos compartirlo con alguien más. Parece difícil de lograr en nuestro mundo, pero no lo es, ya que al fluir con el universo, atraemos la abundancia y podemos compartirla con otros.

La mayoría de nosotros invertimos el paradigma y buscamos la felicidad en un cuerpo mejor, relaciones más placenteras o un mayor número de bienes. Cuando no los obtenemos, nos desilusionamos y nos deprimimos en lugar de utilizar nuestra energía en "ser". De nuestro ser proviene el impulso de realizar las cosas que nos hacen felices, y al sentirnos bien con nuestras actividades, comenzamos a tener lo que necesitamos. Cuando adquirimos sentido de quiénes somos, automáticamente hacemos las cosas que nos acercan a nuestro propósito. Incluso, acumular riqueza puede ser parte de nuestro propósito. Observemos más de cerca el significado de la riqueza.

La riqueza

En nuestra sociedad, es importante tener riqueza, pero ésta no puede ser la única razón para existir. Nos quedamos atrapados en la mecánica de hacer dinero y excluimos todo lo demás. cuando el dinero se vuelve la intención de nuestra "vida", y logramos tener demasiado, invertimos mucho tiempo intentando descubrir cómo hacerlo crecer.

Tarde o temprano llegará el momento de preguntarnos por qué estamos viviendo. ¿Cuál es el propósito? ¿Tiene sentido vivir sólo para hacer dinero? Aun si no creemos en algo más allá del mundo, ¿tiene sentido estar aquí para acumular dinero y luego morir y dejarlo?

Con el mundo en constante transformación, vivimos preocupados por la manera de hacer dinero, de invertirlo y de gastarlo. Esto trae a mi mente la imagen del desastre del *Titanic*. Los ricos estaban tan pendientes de sus asuntos, que no se dieron cuenta de que el barco se hundía. Si enfocamos nuestra atención sólo en el dinero, nos olvidaremos del propósito de estar aquí y de lo que debemos hacer. Cuando la gente logra tener mucho dinero y lo que éste puede comprar, se da cuenta de que él por sí solo no proporciona felicidad. Lo que da la verdadera satisfacción a las personas es el significado o propósito de sus vidas. Cuando lo encuentran pueden usar su dinero y ayudar a otros.

Tu propósito podría estar en un pasatiempo o en el área laboral. Podrías ser especialista en finanzas, corredor de bolsa o analista de computadoras, eso es lo de menos, lo importante es sentirte feliz y completo. Puedes ayudar directamente a otros, o prestar un servicio útil a nivel mundial. La clave está en que te guste lo que haces. La forma de conocer tu propósito es preguntándote si estarías dispuesto a continuar con tu actividad aunque no te pagaran. Tu propósito es el modo en que te gusta pasar el tiempo.

Cuando le quitas valor al dinero, puedes concentrarte en el regocijo que te proporciona lo que estás haciendo. Si no te gusta tu actividad, iniciarás la búsqueda de alternativas que te produzcan placer. Cuando vives de acuerdo con tu propósito profundizas en tus relaciones y en la manera de ayudar a otros. Comienzas a sentirte contento con cosas simples, como mirar el juego de los niños o escuchar el canto de los pájaros.

Si hacemos las cosas que amamos sin preocuparnos de cómo vendrá el dinero, llegará misteriosamente. Cuando nos alineamos con nuestro propósito y sabemos cómo vamos a servir al mundo, entramos al flujo del universo. Existen textos metafísicos que sugieren que en niveles de conciencia más elevados, todo lo necesario en el mundo material puede ser traído del universo y devuelto de una forma no material cuando ya no nos es útil. Creo que de esta manera funcionarían las sociedades iluminadas. Si nos enfocáramos menos en el dinero andaríamos el camino del regocijo en lugar de seguir el camino de la lucha.

El camino de la lucha o el camino del regocijo

Muchos de nosotros, solemos transitar por el camino de la lucha, como ya he señalado, y una de las áreas en que es más evidente son las finanzas. La mayoría hemos aprendido que necesitamos luchar para obtener dinero y para conservarlo. Eso explica por qué las deudas tienen un imán inconsciente para nosotros, toman la mayor parte de lo que ganamos y nos dejan con la convicción de lucha. Trabajamos duro para obtener dinero y luego luchamos para ir un paso adelante, es necesario para pagar a nuestros acreedores.

¿Cuál es la alternativa? ¿Hay en efecto una forma placentera de vivir? Yo creo que sí. Podemos divertirnos al hacer dinero y disfrutar la abundancia. Las leyes del universo dictan que todos nosotros deberíamos disfrutar de ella. No obstante, la escasez es una verdad para muchos, por lo que se manifiesta en todas partes.

¿Cómo podemos crear abundancia? Primero, debemos aclarar los mensajes inconscientes que afirman que tenemos que sufrir y luchar. Para suprimirlos, necesitamos tener conciencia absoluta. Observa cómo te sientes con respecto al dinero. ¿Tienes miedos por él? ¿Crees que es difícil conservarlo? ¿Crees que es difícil hacerlo?

Al traer a la superficie nuestros verdaderos sentimientos, reconocemos que estas actitudes nos impiden avanzar y que podemos cambiarlas. Al hacer conctacto con esa parte de nosotros que nos detiene es posible revivir el sentimiento que la provocó. Para la mayoría de nosotros, es el niño interior que aún vive en el pasado, con la certeza transmitida por los padres de que el dinero es difícil de obtener.

Para lograr la abundancia, necesitamos ser capaces primero de sentirla. La abundancia no es sinónimo de dinero. Hay mucha gente con dinero que no vive en estado de abundancia. Al vivir y ser conscientes de la abundancia, no nos preocupamos por acumular bienes, sabemos que todo lo que necesitamos fluirá hacia nosotros, experimentamos la ausencia de preocupación y miedo.

Para lograr hacer contacto con la abundancia debemos tener en mente aquello que pensamos que traerá abundancia a nuestra vida. ¿Cómo deseamos sentirnos al vivir en abundancia? En lo personal, quiero sentimientos de paz, serenidad, simplicidad y regocijo.

El punto es que no necesito tener dinero para experimentar estos sentimientos, basta con crearlos. La realidad es que, si no logramos crear estos sentimientos por nosotros mismos, jamás los encontraremos a través del dinero. De hecho, el dinero puede complicar nuestra vida y en algunos casos, hacerla pesada.

Quienes desean experimentar seguridad, deben cultivarla primero, pues es algo que el dinero no puede comprar. He conocido personas que poseen grandes fortunas y que no se sienten seguras en absoluto. Viven preocupados por hacer las inversiones correctas y no perder su dinero. Hay gente que cree que su poder aumentará con el dinero, lo que generalmente sucede es que se sienten impotentes porque sus inversiones están bajo el control de otras personas.

Debemos recordar que ni la seguridad ni el poder provienen del dinero, sino de nuestra unión espiritual con el poder que existe dentro de nosotros. Al conectarnos con ese Poder Interior, entraremos al flujo de la abundancia.

Al desarrollar las cualidades que en ocasiones esperamos recibir del dinero, atraeremos como un imán las condiciones propicias y a las personas que nos traerán la abundancia que deseamos. Un lugar en donde podemos observar la verdadera abundancia es la naturaleza. Cuando siento en mi vida carencia o limitación, camino en zonas naturales y me concentro en las lecciones que puedo aprender ahí. A esta área del bagua le corresponde como elemento la madera.

Las enseñanzas de la naturaleza

Tengo dos árboles en el jardín de mi casa en el sur de Florida, y siempre me han enseñado sobre la abundancia. Uno
es un naranjo y el otro una lima, que demuestran diferentes teorías de la abundancia. El de lima tiene retoños y unas
cuantas frutas, un par de veces cada año sus frutos se mul-
tiplican. El naranjo siempre retoña al mismo tiempo y nos
da fruta por lo menos cuatro veces al año.

Creo que estos dos patrones nos muestran cómo podemos tener abundancia en nuestra vida. En el caso del árbol
de lima, fluye de poco en poco hacia nosotros y luego hay
épocas en que da más. En ocasiones nos parecemos más al
naranjo, ponemos toda nuestra energía en ideas y proyectos florecientes y la abundancia no fluye de inmediato; viene después de un tiempo de aparente inmovilidad.

Los árboles no duermen jamás. Siempre hay actividad
en ellos mientras los botones se forman o la fruta crece.
Sucede lo mismo con nosotros. Siempre concebimos alguna
idea que fructificará más tarde. La palabra fructificación
nos remite a la certeza de que algo se volverá "fruto".

Al mirar los botones del naranjo, me sorprende pensar
que sus flores se convertirán en las grandes naranjas que
nos comemos. El árbol tira algunos frutos en el proceso de
maduración, pero siempre hay abundancia en él.

Para nosotros, la lección a aprender es que aunque nos
surjan muchas ideas, algunas se quedarán en el camino y
otras se convertirán en proyectos de largo alcance. La lección
es entonces, que todo se puede lograr sin esfuerzo, según el
plan divino. En la naturaleza, nada es forzado. Simplemente ocurre.

Cuando sentimos carencia en nuestras vidas, nos preocupamos y nos inquieta que algo ocurra con nuestro proyecto. En lugar de plantar una semilla y permitir que crezca
en el curso natural del universo, es la naturaleza humana

interferir con el proceso cuando no vemos resultados inmediatos. Hemos plantado la semilla y lo único que necesitamos hacer es regarla de vez en cuando y dejarla sola. Un granjero no cava en la tierra para ver si los cultivos han enraizado y están creciendo. Una vez que la ha plantado, confía en que la planta crecerá.

El mismo proceso sucede cuando comenzamos un nuevo proyecto. Una vez que plantamos la semilla, necesitamos que se quede en la tierra hasta que esté lista para brotar. Aunque parezca aletargada siempre hay actividad en ella. Nuestra única tarea es darle energía, entonces atraeremos a la gente y los eventos que nos ayuden a realizarlo.

Esto me recuerda momentos de mi vida en que tuve algunas ideas de adónde quería ir, pero no estaba segura de la manera de llegar. Mientras más me preocupaba por eso, más se complicaba. Un buen ejemplo es la forma en que obtuve los documentos para quedarme en Estados Unidos. Como mencioné anteriormente, muchos eventos sincrónicos me trajeron a este país, en ese momento no sabía por qué estaba aquí. Simplemente dejé que ocurrieran los hechos que me condujeron a Estados Unidos. Sin embargo, cuando decidí quedarme, mi mayor preocupación fue el proceso a seguir para obtener la residencia y traté de preveer los eventos. Cada cosa que hacía empeoraba la situación, hasta llegué a pensar que tendría que volver a Canadá.

Cuando me resigné a la idea de regresar, comenzaron a suceder cosas que hicieron posible que me quedara. Dejé de luchar y permití que los eventos se desarrollaran. Es lo mismo con todo en la vida: si luchamos, interferimos con el proceso.

En los últimos meses, recibí otra lección de mi árbol de lima. En medio de una terrible tormenta, el árbol se partió en tres y cayó al suelo. Al día siguiente lloré mi pérdida al descubrir el árbol roto y su fruta regada. No obstante, recordé que en ocasiones los árboles se pueden salvar y llamé a un jardinero para que viera qué podía hacer por él. El jardinero reunió las partes del tronco roto y las amarró hasta que pudieran volver a crecer. Cortó la mayoría de las ramas, y el arbolito que quedó comienza a retoñar de nuevo.

Esta lección es muy difícil de aprender, pues al perderlo todo tenemos que reunir los restos y empezar de nuevo. Nuestros sueños se debilitan y nos sentimos derrotados. Si somos fuertes, veremos que las oportunidades se presentan poco a poco, retoño por retoño.

La siguiente sección te proporciona un ejercicio para atraer oportunidades, eventos y personas que llevarán más abundancia a tu vida.

Ejercicio para atraer magnéticamente lo que quieres

Seamos conscientes de ello o no, siempre atraemos gente y circunstancias a nosotros. La clave es ser capaces de atraer sólo lo que queremos.

Lo primero que debes hacer es tener una imagen clara de aquello que deseas lograr en la vida. Más importante, trata de recrear la sensación que producirá cuando tu idea se materialice (ya sea con regocijo o felicidad). A veces decidimos que queremos algo específico y, cuando llega a nosotros, no lo queremos porque no nos proporciona las sensaciones que deseábamos.

La concentración se debe basar en una manera específica, no en tener cosas específicas.

Logra una imagen muy clara de lo que quieres, una imagen clara de cómo quieres verte vivir.

Concéntrate en el amor por lo que quieres obtener y en cómo por medio de él, puedes brindar un servicio a los demás. Mientras más tengas clara la utilidad de lo que tienes para ofrecer, más magnético te vuelves.

Después de fijar una idea en nuestra mente, el siguiente paso es visualizar lo que queremos. Nuestra concentración actúa como un imán que atrae a la gente y los eventos que nos ayudan a crear nuestra imagen.

Es mejor no hablar de lo que estás haciendo, porque pueden surgir críticas de otras personas, de manera que mantente callado sobre lo que tratas de lograr, a menos que estés con personas que apoyen tu sueño.

Antes de visualizar, necesitamos tener en mente el sentimiento o la esencia de lo que deseamos. Como dije antes, mientras más nos concentremos en el servicio que nuestra creación proporcionará, será mayor la remuneración económica.

El siguiente componente importante de la visualización es el sentimiento de haber logrado lo que queremos. Mientras más vívida sea la imagen, más reales serán las circunstancias que se presenten en nuestra vida. Los pensamientos energetizados por las emociones crean vibraciones que armonizan con lo que es más elevado para la mente. Es precisamente por eso que necesitamos mantener felices y en armonía nuestros pensamientos. Permanece centrado en un sentimiento de abundancia.

Es mejor escribir tu plan en palabras concisas, de nuevo concentrándote en la esencia o sentimiento que quieres obtener. Entonces léelo en voz alta diariamente, todas las veces que puedas, sobre todo antes de irte a la cama y al levantarte por la mañana, pues en estos momentos estás más en contacto con la mente inconsciente y más sugestionable.

Afirmaciones

Tengo regocijo y paz en mi vida.

Me encanta mi trabajo y proveo un servicio a los demás a través de él.

Atraigo eventos y personas que traen abundancia a mi vida.

La abundancia viene a mí fácilmente y sin esfuerzo.

Feng Shui para tu entorno

Ésta es tu área de bendiciones afortunadas de todo tipo. El elemento es la madera. Lo siguiente es bueno para esta área:

Todo lo que te haga sentir abundante.

Los colores rojo, morado, dorado y plateado.

Un arreglo de monedas.

Una fuente, que simboliza a la abundancia fluyendo.

Una planta trepadora, que simboliza el crecimiento.

El Tai Chi

El centro del bagua es el Tai Chi, representado por el conocido símbolo del yin y el yang, en el que uno contiene la
semilla del otro. El Tai Chi significa lo supremo o el perfecto
balance entre el yin y el yang, a lo que los chinos se refieren
como los principios masculino y femenino de la vida. El
yin es el lado oscuro, pasivo, flexible, suave y dócil de la vida, mientras que el yang es el lado claro, activo, agresivo y
duro. No es bueno tener demasiado de uno u otro, lo mejor es tenerlos en equilibrio. Este símbolo también representa la naturaleza circular de la vida, las estaciones y los
puntos cardinales.

El símbolo del Tai Chi se encuentra en el centro del bagua (y de tu casa), y representa la armonía lograda cuando
todas las áreas de tu vida están en orden. Se relaciona con la
salud; no sólo con la ausencia de enfermedad, sino con vivir libre y sin cargas. Se refiere al equilibrio logrado cuando vivimos nuestro propósito, tenemos asociaciones
amorosas, respetamos a nuestros mayores, tenemos buena
fortuna en la vida cotidiana, ayudamos a otros y ellos nos
ayudan, compartimos por medio de iniciativas creativas y

de nuestra progenie, tomamos tiempo para contemplar la esencia y somos conocidos como personas íntegras y con dominio de sí. Es el centro donde nos arraigamos y enfocamos, con los pies plantados firmemente sobre la tierra, que es el elemento de esta área del bagua. Sus colores son la gama de tonalidades terrosas.

En esta parte compartiré mi experiencia con la práctica del Tai Chi Chuan, las lecciones que aprendí de él y de vivir en armonía con los elementos naturales.

Las lecciones del Tai Chi Chuan

La primera vez que tuve contacto con el Tai Chi Chuan fue en Toronto, Canadá, cuando vivía allá. Había visto a los chinos fuera, en los parques, tanto en Toronto como en Vancouver, realizando esos movimientos lentos y dancísticos, nunca supe qué eran. Mientras llevaba a cabo mi investigación sobre los estudiantes chinos, descubrí que aquellos que practicaban este tipo de movimiento eran capaces de manejar mejor su estrés.

Fue después de ese periodo que yo también descubrí el poder de estas prácticas. Como mencioné en la introducción, en aquel entonces llevaba una vida muy estresante, trabajando en diversos empleos y cuidando a dos adolescentes como madre soltera. Me lesioné practicando ejercicios vigorosos, que eran la forma de relajarme en esos días. Debido a las lesiones, inicié un tratamiento de acupuntura y luego la práctica del Tai Chi Chuan, ambos lograron sanar mi dolor de espalda. La acupunturista me enseñó que la energía fluye a través de caminos del cuerpo y que se le puede estimular colocando agujas en puntos específicos de este camino. Me dijo que podía inducir el flujo de energía yo misma por medio de la práctica del Tai Chi Chuan y el Qi Gong.

Mi primera experiencia con el Tai Chi Chuan fue bajo la tutela de una colega, profesora adjunta de la universidad, que estaba fascinada con los beneficios a la salud que había observado en alumnos de un monje taoísta residente de Toronto. Había sido testigo de cambios milagrosos en artritis, esclerosis múltiple e incluso cáncer. Se disculpaba mucho por las deficiencias que tenía, reconociendo que tomaba muchos años convertirse en maestro de esta disciplina. De ella aprendí la calma y la tranquilidad de estos movimientos.

A lo largo de los años, he estudiado diversas formas del Qi Gong y del Tai Chi Chuan con varios maestros, tanto chinos como occidentales, y he descubierto que hay ciertos principios que subyacen a todas las variantes. Lo que me interesa es la aplicación de estos principios, no sólo en el movimiento, sino en la vida en general. Todos ellos son lecciones evidentes en el bagua del Feng Shui.

Principio 1: Liberar los bloqueos

El Tai Chi Chuan ha sido usado durante siglos en China para promover la salud y la longevidad. Es un movimiento que fluye lentamente y que tiene un gran efecto en tu cuerpo. El Tai Chi Chuan es una forma del Qi Gong, que significa trabajar con la energía.

Esta energía, llamada Qi, la energía vital, fluye a través de todo y te mantiene vivo. En el cuerpo, el Qi fluye a lo largo de canales meridianos y cuando lo hace libremente, ayuda a eliminar la enfermedad. Los chinos creen que los bloqueos en estos canales se relacionan con la enfermedad. De manera similar a como un acupunturista coloca agujas en tu cuerpo para estimular el libre flujo de la energía, el Feng Shui cambia tu entorno para aumentar el flujo de energía. El movimiento del Qi Gong y del Tai Chi Chuan son una especie de acupuntura natural que hace circular la energía del cuerpo por medio del movimiento y la intención.

¿De dónde proviene esta energía? Las prácticas taoístas creen que se forma de la energía original de nuestros padres y es la esencia de lo que comemos y respiramos, pero, más que eso, también proviene de la energía universal. Cuando estamos conscientes de este vínculo, nos movemos con el flujo de la vida y no contra él, y podemos lograrlo todo.

Principio 2: La acción no siempre es necesaria

Los movimientos del Tai Chi son como una metáfora de cómo vivir la vida. La postura Wu Chi, que es la posición de vacío que abre y cierra la práctica del Tai Chi, es el lugar donde el movimiento potencial no ha comenzado ni terminado aún. Es ese estado necesario entre el movimiento y la inmovilidad. En nuestras acciones mundanas, aparece cuando nos quedamos quietos por un momento, reevaluamos y elegimos nuestra siguiente acción. Al pararnos en esta posición, con absoluta conciencia, entramos en contacto con los bloqueos de nuestro cuerpo. Sentimos el dolor en ciertos lugares y sabemos que son bloqueos emocionales que se han solidificado en nuestro cuerpo a lo largo del tiempo. En la vida, este tiempo de inactividad nos ayuda a entrar en contacto con la intuición, la guía o la inspiración para saber cuál es el siguiente paso a dar en el camino. Si nos quedamos quietos y entramos en contacto con nuestra fuerza interior, sabremos cómo superar los obstáculos.

Principio 3: No debemos juzgar una situación

Aprendemos a vaciar nuestra mente de todos los pensamientos que interfieren con nosotros. Al concentrarnos en el movimiento lento y en nuestra respiración, encontramos que los pensamientos que nos perturbaron en algún momento, han desaparecido de nuestra mente. Con el tiempo, en estas prácticas aprendemos a no juzgar nuestras emociones. Sentiremos su intensidad pero no por mucho tiempo, y podremos ver, como en el símbolo del Tai Chi, que la semilla de la oportunidad siempre está en todas las situaciones que percibimos como un problema.

Principio 4: La vida es un círculo

Lograr la armonía es el objetivo principal de las prácticas taoístas. Aceptar que existe dualidad en todas las cosas significa reconocer que hay una semilla de lo opuesto en todas las situaciones que creemos dañinas. Si observas el símbolo del yin y el yang, verás que una parte fluye dentro de la otra, que ambas son parte del mismo todo y contienen una semilla de la otra. De hecho, toda la imagen representa un círculo o una esfera, que a su vez representa el movimiento armonioso de la vida. Al ver al Tai Chi Chuan como una forma, notarás el movimiento circular de los desplazamientos, y cómo muchos de ellos, si se les ve de cerca, dibujan el símbolo del Tai Chi. Igual que el movimiento del Tai Chi, lo suave se convierte en duro y viceversa, o tú te mueves de un estado al otro. De la misma forma, la vida es dinámica y circular, por eso todo lo que enviamos regresa a nosotros.

Principio 5: Cultiva una mente callada

Sin embargo, el principio fundamental de las prácticas taoístas es sentir nuestras emociones pero no permitir que hagan presa de nosotros: cultivar una mente callada. El Qi

Gong y el Tai Chi nos enseñan a movernos lenta y conscientemente, a no quedarnos atrapados en nuestros pensamientos, a entrar en contacto con las partes de nuestro cuerpo que sientan dolor. En lugar de ignorar el dolor o de tomar una píldora para librarnos de él, escuchamos su grito de auxilio y asumimos que ésta es una parte de nuestro cuerpo donde nuestras emociones están bloqueadas. Las tensiones que sentimos en él se han acumulado por años debido a nuestra reacción al estrés que nos rodea. Este movimiento nos ayuda a liberar esos viejos bloqueos.

Cuando la mente está callada, podemos escuchar los mensajes que nos envía el cuerpo. Podemos obtener datos de nuestros sentidos, emociones y sensaciones viscerales. Estamos atentos de nuestro alrededor y del lugar que ocupa cada cosa en nuestra vida. Desde la perspectiva de una mente callada, podemos tener acceso a la guía y avanzar en nuestro camino superando los obstáculos.

Principio 6: Permanecer en absoluta conciencia

Cada movimiento del Tai Chi se realiza con plena conciencia. Al movernos lenta y grácilmente, sin esfuerzo, sólo somos conscientes del movimiento y nada más. Es un buen ejemplo de cómo vivir la vida en el momento presente, concentrándonos sólo en lo que ocurre en cada instante.

Principio 7: Saber cuándo avanzar y cuándo retirarse

Lo que estamos aprendiendo con el movimiento y la filosofía taoísta del Tai Chi Chuan son otras formas de ver las cosas mostradas en el movimiento. Una de las ideas principales del Tai Chi Chuan es el movimiento entre el yin y el yang. En la práctica del Tai Chi Chuan, alternamos entre estas dos posiciones. En ocasiones, una parte de nuestro cuerpo está en una posición yang y la otra en una posición yin. Lo que esto demuestra en la vida, es el flujo entre estas dos posiciones.

El movimiento va de la plenitud al vacío, de lo insustancial a la sustancia, del movimiento que avanza al movimiento en retroceso. En la vida, tenemos que saber cuándo movernos hacia adelante y cuándo retirarnos. Debemos estar conscientes de que la retirada puede venir justo después de una postura agresiva. Hay un tiempo para estar activos y otro para ser pasivos. Al vivir en absoluta conciencia, sabemos que el efecto opuesto está justo detrás. Cuando nos sentimos tristes, sabemos que la alegría viene poco después.

Principio 8: Permanecer alejados

Lo que buscamos es el equilibrio y no apegarnos a ningún estado. Al adoptar esta filosofía, buscamos ese lugar de equilibrio donde podemos movernos fácilmente de un estado a otro sin sentirnos atrapados en ninguno. Sentimos armonía en todas las cosas y, cuando la armonía nos abandona por un tiempo, no nos disgustamos porque sabemos que volverá.

En ocasiones tenemos que estar más activos, pero la flexibilidad es la mejor respuesta. Al fluir entre estas dos posiciones, permanecemos con el conocimiento de que hay otra perspectiva, de que las cosas no son lo que parecen y que existe una manera más espiritual de ver cualquier suceso. El Tai Chi Chuan es un arte marcial taoísta que nos enseña a ir con el flujo y no en contra de la fuerza de nuestro oponente. Desviamos la energía y la devolvemos.

Principio 9: Vivir en el presente

En el Tai Chi Chuan, perdemos nuestro enfoque si nos anticipamos a la siguiente posición antes de movernos hacia ella. En la vida, a menudo vivimos el futuro en lugar de el presente, de manera que nunca estamos presentes por completo en el momento. Concentrarnos en cada movimiento, aunque éste sea un flujo de él, nos enseña a permanecer centrados en el presente, aunque sea por un segundo. Nos introduce a la práctica de vivir el momento, mientras más lo hacemos, resulta más sencillo quedarnos en el presente por un periodo cada vez más largo.

Principio 10: Cultivar el cuerpo-mente-espíritu

La idea es mantener nuestros cuerpos relajados durante este movimiento y dejar que la mente esté en paz. Es lo que se llama movimiento atento. Al enfocarnos sólo en nuestros movimientos, permitimos que nuestra mente se libere de los pensamientos. Al calmar la mente y relajar el cuerpo, nos permitimos estar en paz, materializando el sentimiento en nuestro mundo exterior. Al mismo tiempo, las respiraciones lentas y profundas traen armonía a la mente y al cuerpo. Mientras que los occidentales dicen que el propósito del Qi Gong es mejorar la salud, los chinos afirman que su propósito es cultivar los tres tesoros: la energía concentrada en los tres centros, el superior (shen), el centro del corazón (qi) y el inferior (jing) o, como lo llamaríamos nosotros, el cuerpo, la mente y el espíritu. Algunas de las prácticas del nivel superior del Qi Gong se basan en una visión espiritual del mundo. Uno de los objetivos principales del Qi Gong es lograr la mayor armonía interior y exterior. Para crear más armonía, necesitamos vivir dentro de los principios del Tao. Uno de estos principios es equilibrar las polaridades, el yin y el yang.

Aquello a lo que nos resistimos persiste

Para lograr el equilibrio necesitamos trabajar en unificar en lugar de en dividir o resistirnos a un lado. Una de las mayores polaridades a las que nos enfrentamos es lo masculino y lo femenino. Lo masculino es entendido como la forma analítica de ver las cosas, el deseo de cortar en varias partes, de etiquetar, de medir y ser lineal, una cosa siguiendo a la otra en un orden lógico. El intelecto masculino disecciona, analiza y no permite ver lo que existe como un todo, la energía femenina, en cambio, tiende a ver las cosas como un todo, a la vida como un proceso, siente en lugar de pensar, confía en la intuición y se rinde en lugar de atacar. Necesitamos asumir que estas dos energías habitan dentro de nosotros y permitirnos estar cómodos con ambas.

Para tener éxito en nuestra sociedad, enfocada hacia el lado masculino, muchas mujeres se han apropiado de la forma masculina de ver las cosas. Si hombres y mujeres alimentaran y respetaran la óptica de cada uno ante la vida lo mismo que la manera de razonar, tendrían el poder de ambos lados. Asimismo, si logramos admirar los diferentes aspectos del hombre y la mujer, podremos respetarnos unos a otros y asumir nuestro poder.

Lo mismo que con las diferencias entre lo masculino y lo femenino, tendemos a ver todo en términos de polaridades. Estamos tristes o contentos. Queremos abandonar un lado para alcanzar el otro. Cuando estamos tristes, pensamos que ése es un lugar malo, en el que no debemos estar y queremos alcanzar el estado opuesto, que es la felicidad. Pero mientras neguemos la importancia de un lado para llegar al otro, siempre estaremos rebotando entre ambos. En vez de resistirnos a la tristeza, hemos de aceptarla y aprender su lección para alcanzar el equilibrio.

Cuando tratamos de huir y de resistirnos a algo, se aferra a nosotros con más fuerza. Esto es verdad lo mismo para un empleo, para una relación o para cualquier suceso de la vida. Mientras más nos empeñemos en liberarnos, particularmente en forma negativa, más se aferrará a nosotros.

Necesitamos ser abiertos y flexibles, cualidades importantes del Tao. Para llegar a hacerlo, debemos adoptar una posición de equilibrio. Si estamos obsesionados con algo, se agota todo nuestro poder y nos impide ubicarnos en nuestro centro.

A menudo me encuentro con personas a las que les permito sacarme de centro. Quiero terminar mi relación con ellas, pero el proceso de alejarme se lleva mi energía. Me descubro pensando en esto y hablando con alguien más sobre ello, sin encontrar una solución.

Por mis prácticas orientales sé que la forma de resolver cualquier situación es permanecer firmes y centrados, y permitir que la situación se resuelva sola. Es como el modelo de un árbol con las raíces firmemente arraigadas, arqueándose con las tormentas del cambio pero sin desarraigarse.

La meditación Wu Chi es así. Te paras adoptando una postura recta, con las manos colgando suavemente a los costados. Tus pies paralelos, separados a la altura de los hombros, tanto las rodillas como la cadera relajadas. Tu meta es permanecer tranquilo y liberar partes de tu cuerpo. Al pararte de esta manera, descubres posturas que has mantenido en tu cuerpo, pueden ser los músculos apretados y el pecho hinchado o los hombros caídos. El primer paso es encontrar tu equilibrio y descubrir qué sentimiento de desequilibrio tratas de compensar al apretar tus músculos. Primero hay que aprender a relajar la mente y luego el cuerpo.

Al quedarte parado por periodos más largos, relajas el cuerpo, aflojando los músculos, articulaciones y tendones. Al permitir con paciencia que tu cuerpo cambie, tus articulaciones se aflojarán y el cuerpo se empezará a alinear naturalmente.

Del mismo modo, aprendemos a equilibrarnos en situaciones y relaciones de nuestras vidas. Cuando nos tensamos, resistimos y nos obsesionamos con la situación, no vemos el todo por ver las partes. En las relaciones, nos quedamos con las expectativas de otros o de nosotros mismos y no podemos tener un panorama claro, sin deformaciones.

Cuando tenemos expectativas de las situaciones o las personas, no nos relajamos porque observamos todo con demasiada atención, para ver si sucede lo que queremos. Renunciamos a nuestro poder porque no nos sentimos felices ni satisfechos, hasta que cambia algo que no está bajo nuestro control. Usamos toda nuestra energía para tratar de alterar una situación o una relación, y nos quedamos fuera de balance.

¿Cómo podemos permanecer en equilibrio en situaciones desequilibradas? La clave es permanecer centrados en mente y cuerpo. Si vemos hacia adentro y buscamos el equilibrio en nosotros mismos, podemos descubrir nuestros bloqueos. Cuando comienzo a obsesionarme con algo, llevo mi atención de vuelta a mi cuerpo y advierto lo que mis sentimientos provocan físicamente. Como ya mencioné, las emociones no resueltas se vuelven bloqueos en nuestro cuerpo. Al pararme y tratar de acabar con el endurecimiento y el dolor, pienso en las situaciones a las que me he estado aferrando. Al dejarlas ir físicamente, puedo abandonarlas mentalmente.

La única forma en que soy capaz de controlar una situación es controlando mis propios sentimientos sobre ella. Cuando confronto mi voluntad con otra, establezco un momento que no podré controlar y que me sacará de centro.

Cuando adoptamos una postura de equilibrio, estamos abiertos a todo lo que ocurre, sin salirnos de centro por ello. Estamos *autorreferidos*, es decir, sabemos que el poder está dentro de nosotros y no proviene de nada que esté en el exterior. Es saber que tenemos un propósito divino y que todo lo que llega a nosotros está ahí por una razón. Sólo tenemos que esperar en equilibrio para encontrar el verdadero significado y no quedarnos atrapados en las capas superficiales.

Este principio queda demostrado en la antigua historia del granjero que tenía dos cosas que valoraba verdaderamente: su hijo y su caballo. Un día su caballo desapareció dejándolo sumamente angustiado, cuando el caballo regresó con una hermosa yegua, se puso muy feliz, su hijo montó el nuevo caballo, se cayó y se rompió la pierna, el granjero se encontró nuevamente angustiado. Comenzó una guerra y se llevaron a todos los hombres jóvenes excepto a su hijo, quien no podía ir debido a su invalidez. De nuevo, el granjero era feliz. Esta historia nos muestra a un hombre totalmente controlado por los eventos externos. Las emociones del granjero subían y bajaban según lo que ocurría en su vida. Si hubiera permanecido en calma y alejado, consciente de que existía un propósito superior en todo lo que estaba ocurriendo, jamás habría perdido su centro.

Si esperamos de manera equilibrada, con el tiempo conoceremos el significado de los eventos de nuestras vidas. Igual que en esa historia, algo que nos parece una circunstancia adversa en cierto momento puede tener un resultado positivo. No podemos juzgar. Cuando creamos equilibrio en nuestra propia vida se manifiesta en nuestro alrededor. El caos y la confusión ya no nos sirven y avanzamos hacia la paz y la armonía. La naturaleza vive en este estado.

La naturaleza

Cuando me siento en la playa de Florida pienso que no voy tan a menudo como lo necesito. Vivo cerca y la visito en raras ocasiones. Es triste que estemos rodeados de paisajes hermosos que no frecuentamos. De niña aprendí que estar en la naturaleza te da equilibrio. Casi cada fin de semana nuestra familia iba a caminar a un parque o al bosque.

De adolescente no quería ir al campamento de verano al norte de Ontario, pero, al llegar allí, quedaba encantada con la belleza de los lagos y los árboles. Me recuerdo sentada en las rocas mirando el lago, sintiéndome completamente en paz. Algunos de mis recuerdos infantiles más felices son aquellas experiencias en un escenario natural.

Es bien sabido que convivir con la naturaleza te da energía positiva que te relaja. También te brinda otra perspectiva de un problema que quizá te consuma. Si vas a un escenario natural y piensas en lo que te molesta, después de un rato lograrás calmarte y permitirle al universo que te hable.

Siempre tenemos prisa y corremos por todos lados, distraídos por los sucesos y problemas de nuestras vidas. La literatura espiritual nos dice que las respuestas a todos nuestros problemas están allí si les permitimos venir a nosotros. Normalmente, nos enfocamos en nuestro problema, sin ver hacia la solución. La naturaleza es capaz de responder nuestras preguntas.

Vemos que los árboles están arraigados firmemente en el suelo. Cuando viene una tormenta, pueden inclinarse y sacudirse, pero no pierden sus raíces. Cuando el hombre no interfiere con ella, cada parte de la naturaleza tiene su lugar y opera en total armonía. Cuando los pájaros se levantan por la mañana, no se preocupan por cómo van a vivir a lo largo del día. Tienen fe en que encontrarán la comida que necesitan y cantan.

El Feng Shui surgió del deseo de vivir en armonía con la naturaleza. Los antiguos observaron su entorno y descubrieron que donde era más próspera la tierra, la energía era más abundante. Erigieron allí sus construcciones para estar en contacto con esa energía abundante. Fincaron sus pueblos y ciudades rodeadas de colinas o montañas que los protegían del clima adverso. Uno de los sitios más tranquilos es como un sillón detrás del cual hay una colina, como el respaldo de una silla y una pacífica vista del agua frente a ella.

¿Cómo vivir en armonía con la naturaleza? Una forma es dedicar un rato al día para sentarse tranquilamente a contemplar la naturaleza, aunque sea un parque en la ciudad. En Hong Kong pude encontrar la paz perfecta en un parque rodeado de altos edificios y gente de negocios corriendo a mi alrededor. Había muchas personas disfrutando el movimiento matutino de la naturaleza, olvidados de las distracciones que los rodeaban.

Cuando te levantes por la mañana, pon atención en cuántos pájaros puedes escuchar. Al sentarte a contemplar la naturaleza, permanece en calma y trata de callar tu mente. Al trascender tus pensamientos habituales y concentrarte sólo en lo que te rodea, verás que te transportas a otro mundo, donde nada importa, donde sabes que están las respuestas a tus preguntas.

La naturaleza nos da la seguridad de que estamos aquí por un tiempo y un espacio y que nuestra vida no es lo que parece. Mientras más estés en contacto con ella, más grande será la certeza de que hay algo mucho mayor que tú, un plan divino del que eres parte. ¿Cuál es esa parte? Si practicas la quietud, comenzarás a tener indicios de ella. La mayor parte del tiempo estás demasiado ocupado para descubrirla.

Hace unos cuantos años compré una cabaña en el norte de Ontario. Solíamos levantarnos temprano para ir ahí. Yo despertaba con ganas de experimentar la paz que me llenaría al llegar a la autopista desde donde veía los lagos. Anhelaba llegar a los alrededores boscosos y nadar en el agua aterciopelada del lago.

Llegaba cargando todas mis facturas y los preparativos de mis cursos con la mente saturada de los problemas que acarreaban mis diversas responsabilidades. Si hacía todo este trabajo en casa me sentía abrumada y asustada; mientras más trabajaba peor se ponían las cosas. Sin embargo, cuando me sentaba ante la belleza natural, la paz se adueñaba de mí y hacía el trabajo con una parte de mi mente en él y la otra en mi entorno. Con frecuencia me sentaba en el porche mirando el lago con los grandes pinos llenos de pájaros y animales y permitía que mi creatividad me guiara. Cuando no me obsesionaba con el trabajo, lo hacía a su debido tiempo y sin demasiado esfuerzo.

Generalmente llegaba a la cabaña por la tarde del sábado, después de estar en mi tienda de ropa todo el día, y regresaba el lunes por la mañana, a tiempo para dar clase o hacer mi trabajo administrativo, lista para manejar toda una semana de trabajo. Sobreviví a ese periodo de mi vida gracias a esas breves estancias de fin de semana rodeada por la naturaleza, incluso en lo más crudo del invierno. Aun si era difícil manejar, sentía esa paz envolverme al llegar a la parte más callada de la autopista.

Lo más importante de todo esto es ser capaz de transformar la paz que sientes a tu alrededor en paz interior. La paz que logras en la naturaleza te ayuda a sentirte parte de ella, a sentirte uno con ella.

Al observar en calma y permitir que tus pensamientos se aquieten, trasciendes la realidad, los pensamientos y problemas que te agobian pierden importancia. El siguiente ejercicio te ayudará a alcanzar este estado de paz.

Ejercicio de arraigo

Hay un ejercicio en el Tai Chi y el Qi Gong —de hecho, en la mayoría de las artes marciales— llamado de arraigo. Si observas a quienes lo practican, verás que su movimiento es muy cercano al piso. Es importante sentirse arraigado como un árbol, por la estabilidad que proporciona la tierra bajo nosotros y la energía que absorbemos de ella. También el centro de gravedad de nuestros cuerpos se encuentra en el Tan Tien —en el ombligo o justo debajo—, y si concentramos allí nuestra energía, es difícil estar fuera de balance. Al terminar estas prácticas, llevamos nuestra atención a este lugar para mantener la energía almacenada ahí. Es la presión energética de las emociones contenida en la parte superior del torso lo que provoca los ataques al corazón y otros problemas que se originan en el pecho.

En el proceso de arraigo, ponemos nuestra atención en el suelo y enviamos raíces imaginarias hacia él. A través de ellas podemos enviar nuestras cargas y problemas y acceder a la energía sanadora del suelo. Los taoístas creen que la tierra puede reciclar la energía destructiva y convertirla en positiva. De igual manera, la tierra vibra a un ritmo sanador que podemos usar para curarnos. También creen que tenemos acceso a la energía del universo por medio de la coronilla, de hecho, al pararnos en una postura equilibrada, nos convertimos en un canal entre el cielo y la tierra.

Al vivir, a menudo nos golpean eventos que nos sacan de balance. Necesitamos imaginar que somos como un árbol que se inclina y se sacude en una tormenta pero no se desarraiga. Voy a compartir contigo un ejercicio simplificado a partir de uno que aprendí de un maestro de Tai Chi, Michael Andron.

 Calma tu mente respirando lenta y profundamente.

 Imagina una pequeña semilla de luz vibrando en tu cabeza. Visualízala moviéndose lentamente desde tu cabeza hacia tu centro inferior (Tan Tien).

 Siente este centro irradiando energía, sintonizando todo el cuerpo a su vibración.

Imagina dos rayos de luz láser viajando desde tu centro hacia cada pierna, conectándote con el centro de la tierra. Siéntete vinculado con la energía de la tierra.

 Con estas raíces en su lugar, cuando exhales envía tus preocupaciones, cargas y emociones destructivas al suelo para que se reciclen. Cuando inhales, atrae la energía sanadora de la tierra.

Puedes realizar este ejercicio cada vez que te sientas sacado de balance por los sucesos y las personas. Te da energía instantánea, así como una sensación de liberación de los problemas. Te ayuda a cultivar una mente calmada, de manera que puedas entrar en contacto con la paz y desde ese estado, tomar tus decisiones. También puedes imaginar tu conexión con el universo como un cordón que se extiende hacia el cielo, como un hilo atado a tu coronilla.

Cuando establecemos estas conexiones, sentimos el apoyo del universo que nos rodea. Descubrimos que no necesitamos manejar nuestros problemas solos. Si permanecemos callados y en paz, podemos conectarnos con la vibración sanadora.

Afirmaciones

 Estoy en calma, centrado y estable.

 Envío mis cargas al suelo para que sean recicladas.

 Soy un canal entre el cielo y la tierra.

 Tengo acceso a la energía sanadora del universo.

Feng Shui para tu entorno

Éste es el centro de tu casa, y el énfasis yace en las cosas que te traigan salud y equilibrio. Algunos ejemplos de ellas son:

- Plantas y flores saludables.

- El símbolo del Tai Chi.

- Tonos terrosos.

- Frutas frescas o artificiales.

- Un tragaluz o un área abierta.

Trigrama de los benefactores

Este trigrama, *chien*, tiene tres líneas yang que representan al padre arquetípico, el líder, el patriarca, el cielo y la tierra. Es el elemento del gran metal, el color gris, y se trata de los benefactores y los viajes. Se encuentra en la esquina noroeste de tu casa. Es el trigrama de la fuerza y el poder, tanto de dónde tomas tu fuerza como la manera en que das tu fuerza y poder a los demás. Representa a la gente que te ha brindado su ayuda y la forma en que has ayudado a otras personas. En el bagua se encuentra en el lado opuesto de la riqueza y ambos están estrechamente relacionados. Para lograr salud y abundancia consistentes en tu vida, necesitarás la ayuda de otros y ayudar a tu vez.

Los viajes te permiten desarrollar tu entendimiento del mundo que te rodea. En esta parte hablaré de lo que aprendí en mi viaje a Hong Kong, cómo algunos principios de los chinos tienen significado para nosotros y lo que podemos aprender de ellos. También te diré cómo los mentores pueden fortalecer la imagen de ti mismo y la manera de ayudar a otros a encontrar fortaleza. De igual modo, por medio del poder de la sincronicidad, puedes ser tu propio mentor.

Hong Kong

Podemos aprender mucho de los viajes. Todos los rincones del mundo poseen información útil. Nos atraen los lugares que tienen un mensaje más poderoso para nosotros. En mi caso, debido a mis investigaciones y diversos contactos, intenté ir a Hong Kong durante años. De manera extraña, fui después de que China recuperara el territorio. Tras años de preocuparme por lo que podría ocurrir tras este evento, Hong Kong parece estable y próspera.

Es moderna, glamorosa, rápida, occidental; ejemplifica diversos aspectos de China. Es alocadamente comercial, apresurada y ruidosa, pero, debajo de todo el brillo material, hay un pulso y una corriente subterránea mística.

La gente, lo mismo que todos los chinos de Hong Kong que conocí en Canadá y Estados Unidos, es amistosa y amable, es una sociedad disciplinada, muy distinta a la norteamericana. Aunque se cometen delitos como en todas las ciudades, hay un sentido de comunidad perdido en occidente. Debido a que viven en espacios pequeños, en Hong Kong hay aceptación de la necesidad de vivir en un grupo o una comunidad para subsistir. Recuerdo que cuando entrevisté estudiantes de Hong Kong, me quedé maravillada ante su compromiso de cumplir con las obligaciones para con su familia, hasta el grado de negar sus propios deseos.

La cultura norteamericana cree tanto en la individualidad que no ve el todo. A menudo negamos que somos parte de un todo, pero para sobrevivir debemos apoyarnos unos a otros y encontrar la armonía en nuestros grupos. Cuando aprendamos a vivir en paz con nuestras relaciones y con aquellos que nos rodean, tendremos más armonía en el mundo.

Los chinos tiene un concepto interpersonal llamado "salvar las apariencias". Aprendí este concepto cuando realizaba mi investigación sobre los estudiantes chinos, al principio de los ochenta. Es una forma de conservar la armonía entre la gente al no exponer tus debilidades ni las de los demás. He aprendido más sobre este concepto al hacer negocios con los chinos. Hay ciertas cosas en las que me gustaría tener mayor claridad, quisiera poner las cartas sobre la mesa al modo norteamericano, es difícil hacerlo con los chinos porque en la superficie, todo parece estar bien. Tengo que encontrar formas muy sutiles de decirles lo que quiero cambiar sin afectar nuestra relación a largo plazo. Sé que para ellos hacer negocios es una combinación entre cerrar contratos y construir relaciones, un acto de equilibrio que se debe hacer con mucho tacto.

¿Qué podemos aprender de esto? Si intentáramos fortalecer la armonía en nuestras relaciones y la comunidad, sin exhibir las debilidades de los demás, ¿cómo funcionaría? Se nos ha enseñado a valorar la individualidad sobre todas las cosas. Y yo creo que primero necesitamos conocernos a nosotros mismos para poder darnos a los demás. Olvidamos que al desarrollarnos, tenemos más para contribuir con nuestra comunidad.

Existe otro concepto en el Tai Chi llamado "empuje de las manos", una práctica de entrenamiento por parejas en la que dos personas se turnan para empujarse la una a la otra. En términos de las artes marciales, el propósito de esta práctica es sentir la energía del otro para saber cuándo empujarlo y sacarlo de balance. Este ejercicio nos enseña a trabajar con el flujo, entenderlo y movernos con él.

A través de esta práctica comprendes la fuerza opositora, más aún, te comprendes a ti mismo. Mientras más calmado y relajado estés, mejor fluirás con el movimiento y sin resistirte a él. Al practicarlo continuamente desarrollas el conocimiento de tus fortalezas y debilidades, así como de las de tu oponente. Para usar este ejercicio en una relación interpersonal, puedes trabajar tus debilidades y enfatizar tus fuerzas y las de los que te rodean. Esta habilidad es necesaria para ayudar a la gente, el tema de esta área del bagua. Puedes aprender cómo permanecer centrado y en calma; al entender la perspectiva general, moverte con la resistencia en lugar de disgustarte porque existe.

Me parece que la solución es desear la armonía a toda costa. Como mediadora familiar, he conocido parejas intentando llegar a un acuerdo, pero la motivación subyacente es lastimar a la otra persona. Los asuntos sobre los que pelean, usualmente los niños y el dinero, no son los verdaderos conflictos centrales. Generalmente, uno o ambos están en verdad enojados y quieren vengarse del otro, de manera que los niños son usados como objetos del conflicto. Como señalé antes, los asuntos pendientes de la infancia afloran en las relaciones personales, la manera de interactuar deja al descubierto esa disfunción temprana y no lo que ocurre en el momento. Cuando la relación termina, la conducta disfuncional aumenta.

¿Cómo llegamos a ese verdadero espíritu de cooperación en lugar de a la disfunción? La respuesta está en asumirnos como seres espirituales con un propósito en la tierra; en comprender que estamos aquí rodeados por nuestra familia de Espíritu.

Creo que la gente que convive con nosotros lo hace porque acordamos venir juntos a esta vida con el objetivo de darnos lecciones unos a otros. Nuestra vida es un viaje de descubrimiento y todo lo que ocurre nos da un mensaje que podemos aprender o ignorar.

Cuando hay fricciones en nuestras familias o comunidades, usualmente nos dan mensajes más profundos sobre asuntos que necesitan ser resueltos.

Nuestra fuerza proviene del conocimiento de que todos somos seres espirituales, parte de un plan divino, que tenemos un propósito aquí en la tierra. No puede existir competencia entre unos y otros porque todos tenemos nuestro lugar. Con esa perspectiva, es fácil crear una comunidad unida, al ser conscientes de que todos tenemos un propósito y que para lograrlo necesitamos apoyarnos unos y otros.

¿Puedes imaginar una sociedad tan iluminada en la que los miembros se admiren y apoyen lo que hacen? Desafortunadamente, nuestro mundo aún está lejos de esta sociedad ideal, pero creo que poco a poco nos acercamos a esta manera de entender la vida. Aunque esta forma de vivir no está del todo presente en la sociedad china, existe un arraigado conocimiento acerca de vivir en armonía en la comunidad.

Sólo podremos cambiar nuestras sociedades, si cambiamos nosotros mismos. Al mirar alrededor, intenta ver a la gente de manera distinta. Cuando ponemos atención en la conducta de las personas y tratamos de ir más allá, las percibimos como seres espirituales, aunque ellas no estén conscientes de esto. Al perdonar verdaderamente, al abandonar las expectativas y los juicios liberamos la tensión.

La verdadera comunidad existe cuando aceptamos todas las partes de nosotros mismos y luego todas las partes de los demás. Nos permitimos encontrar nuestro propósito y apoyarnos unos a otros para lograrlo. Una forma de hacer esto en nuestras vidas es convertirnos en nuestros propios mentores y al mismo tiempo, ser mentores de quienes nos rodean.

Los mentores

¿Quién te ha ayudado a llegar a donde estás hoy? Siempre hay gente en nuestra vida que nos influye a lo largo del camino. Estas personas pueden estar con nosotros por muchos años o aparecer por un breve periodo sólo para ayudarnos a dar el siguiente paso.

Al mirar atrás, siempre hubo alguien que me ayudó a verme de manera distinta. Como mencioné, yo era una niña muy tímida e insegura que pensaba que no tenía nada que ofrecer. Mi madre tenía un hermano que era inculto pero lleno de energía, un entusiasta de los deportes, que solía venir a visitarnos con frecuencia, hasta que se mudó cerca de casa. Se interesaba especialmente por mí, y me llamaba *la grand dame*, una expresión francesa de cariño que aprendió en el Canadá francés, donde había pasado la mayor parte de su vida. Pensaba que yo tenía estilo y cuando él estaba con nosotros, yo usaba ropa que me hacía ver diferente, incluso utilizaba sombreros originales.

Tenía una cabaña de veraneo a la que asistíamos con frecuencia. Ahí experimenté por primera vez el amor por el agua y los barcos, y probablemente esto fue lo que me llevó a comprar el yate en Florida.

Además de ayudarme a reconocer algunos de mis intereses, su atención me hacía sentir especial, lo que no sucedía a menudo. Murió cuando yo estaba en la universidad, pero su presencia ha sido determinante en mi vida.

Cuando era pequeña, en la escuela, tuve un sinfin de maestros obsesionados con la disciplina a cualquier precio. Reproducían el viejo modelo de "los niños deben ser vistos pero no escuchados", eran dominantes. Muchas veces me castigaron por hablar en clase, yo estaba asustada y desmotivada la mayor parte del tiempo.

La escuela se volvió una penosa experiencia que debía soportar, un lugar donde no estaba permitido ser yo misma, se me castigaba por hacer cualquier cosa normal (como moverme o hablar) y se me exhibía sin ningún buen motivo.

En quinto grado, tuve un maestro que volvió de cabeza mi carrera escolar. Era guapo, joven, agradable, divertido y sobre todo, respetaba a sus alumnos. En lugar de reprimirnos, creía que éramos capaces de hacer cualquier cosa. Nos alentaba a alcanzar nuestro máximo nivel, como creía en nosotros, dábamos lo mejor. Mis calificaciones se elevaron. La escuela se convirtió en algo que podía disfrutar en lugar de soportar. Empecé a interesarme en aprender sólo por aprender. Comencé a creer en mí misma, en que tenía algo que ofrecer, en lugar de sentir que no servía para nada, que era la sensación que me dejaban los otros maestros. A esa edad, nuestra visión de nosotros mismos está muy influenciada por la gente que nos rodea. Cuando un profesor te dice que no vales nada, tiendes a creerlo. Cuando estuve en contacto con maestros que creyeron en mí, se hizo la diferencia.

Tuve por lo menos dos en preparatoria. Uno era maestro de matemáticas y entrenador del equipo de futbol americano cuando yo era porrista. Lo reencontré cuando visité a mi madre en mi ciudad natal. Se acordó de mí y dijo que sabía que yo sobresaldría en algo y dejaría a la multitud atrás. No se sorprendió de que viviera en otro país y realizara lo que consideraba un trabajo tan interesante. Quizá si él no hubiera estado ahí, con su forma callada y alentadora, yo no habría tenido el valor para dar los pasos que dí más tarde.

Mucho después, cuando hacía mi investigación doctoral, tuve dos profesores que creían que mi trabajo era importante. Estaban muy involucrados en el estudio de distintos aspectos de la cultura china y contentos de ayudarme. Gracias a su motivación yo sentí que estaba haciendo algo que valía la pena.

¿Qué tenían en común estas personas? Su interés genuino en mí como persona y en lo que quería lograr. Me animaban a alcanzar mis sueños, me brindaban su apoyo y aliento, no consejo (a menos que yo lo pidiera). Apoyaban mi proceso de descubrimiento y aclaraban mi confusión cuando las cosas parecían turbias. No eran obstinados, ni sugerían algo sin justificarlo.

El verdadero mentor te acompaña discretamente: para aclarar, ayudar e impulsar. El mentor nunca te quita tu lección. Aparece cuando las cosas se ponen difíciles, para sostenerte, no para decirte cómo hacerlo. Pueden compartir su riqueza de experiencia pero no te indicarán la manera de proceder, porque confían en que tú sabes salir a flote.

La cualidad principal de un mentor es ver a las personas en su nivel más alto, de una forma en que ellas son incapaces de verse a sí mismas. Desde un punto de vista espiritual, enfocándose en el yo superior y no en la personalidad. Desde una perspectiva terrenal, es concentrarse en las fortalezas de la gente en lugar de en sus debilidades.

Es no juzgar la conducta de la persona, lo que resulta difícil cuando vemos que están haciendo algo que nosotros jamás haríamos. La meta es tratar de comprender sus acciones desde su perspectiva, tener empatía o, en otras palabras, ponernos sus zapatos por un tiempo. No debemos juzgar su conducta, sino ayudarlos a ser conscientes de sus acciones y sus consecuencias. Cuando alguien logra hacerme ver de manera amorosa, estoy más abierta a profundizar en el asunto.

La otra cualidad importante del mentor es motivar e inspirar, señalar el panorama general de lo que está a nuestra disposición. Ahora tengo un mentor que representa un papel mucho más espiritual. Me ayuda a llevar mis problemas de lo mundano a lo espiritual, a ver las cosas desde una óptica más amplia. Me ayuda a no quedarme atrapada en mi propia red. Me ofrece filosofía, citas de mentes superiores y distintas formas de ver las cosas. Me ayuda a ampliar mi mente más allá de las barreras, enseñándome a distinguir el todo de las partes.

¿Cómo podemos ser de verdadera ayuda a la gente? No le podemos decir a nadie cómo vivir su vida porque no conocemos la razón de su camino. Sólo hay que llevarlos a ver un panorama más amplio donde moverse. ¿Cómo nos podemos ayudar más a nosotros mismos? También podemos ser nuestros propios mentores. Por medio del proceso de sincronicidad, recibimos guía y apoyo del universo, pero a menudo no estamos abiertos a oírlo. La siguiente sección te ayuda a estar consciente de la sincronicidad en tu propia vida.

Sincronicidad

C. G. Jung acuñó el término de "sincronicidad" en su prefacio de 1949 a la traducción del *I Ching* realizada por Wilhem y Baynes. Escribió que lo que en Occidente consideramos posibilidad aleatoria, para los antiguos chinos es un evento significativo. El *I Ching* se basa en la creencia de que lo que vemos en el mundo es un reflejo de la realidad subyacente, en la que todas las cosas están conectadas y siempre en proceso de cambio. Esta filosofía sostiene que lo que está ocurriendo es parte del ahora y que nada existe fuera de él.

Durante siglos, el *I Ching* fue usado como herramienta adivinatoria. Haces una pregunta, lanzas monedas para que formen un patrón cambiante de trigramas y buscas el significado del hexagrama resultante para recibir guía sobre una situación.

La sincronicidad es un tipo de adivinación que responde a preguntas que en ocasiones no tienen respuesta. Al desplazarnos en nuestra vida cotidiana, recibimos mensajes de maneras poco usuales, con frecuencia en las coincidencias sin explicación. Probablemente has tenido alguna experiencia en tu vida en la que has estado pensando en alguien y lo ves poco después, o escuchas algo en la radio o lees algo en el periódico que te da la solución a tu problema.

Estas cosas pueden ocurrir todo el tiempo, pero la mayoría de nosotros vivimos nuestra vida sin ser conscientes, moviéndonos de un sitio a otro, sin siquiera advertir lo que ocurre a nuestro alrededor. Tenemos nuestros planes y proyectos, y nos concentramos en ellos hasta el grado de la fijación. Hay eventos sincrónicos ocurriendo por todas partes y en todo momento, pero no los percibimos. Las respuestas están a nuestro alrededor, pero necesitamos estar abiertos a recibirlas.

¿Cómo permanecer en el espíritu de apertura cuando eres bombardeado en todo momento por cosas que tienes que hacer y que necesitan toda tu atención? Una de las formas es recordarte a ti mismo, por lo menos una vez cada hora, que el mundo no es lo que parece y que la respuesta que estás buscando podría encontrarse justo ahí, si pones atención. Cuando estás absorto en algo especialmente estresante, trata de alejarte de ello, incluso por un segundo, y observa qué tipo de respuestas podrían estar a tu alrededor. Si tienes algún libro significativo, incluso la Biblia, el *Tao Te King*, o alguna otra obra espiritual, ábrelo al azar y lee lo que dice. Verás cómo te conecta con tus circunstancias en ese momento.

Cuando trabajamos con este conocimiento de que la respuesta siempre está a nuestro alcance, fluimos sin esfuerzo y las cosas parecen estar puestas para nosotros. Nos movemos cuando las cosas fluyen para nosotros y nos detenemos cuando no fluyen. Buscamos la sincronicidad en todas las situaciones. Si siempre estamos ocupados y preocupados, no vemos la sincronicidad porque no estamos conscientes de nuestro entorno. Es sólo en el estado de inactividad que podemos escuchar estos mensajes.

A veces es una cadena de mensajes sincrónicos lo que cambia nuestra vida en un nivel más profundo. Por ejemplo, en mi caso, cambié mi ubicación, mi ocupación y mi estilo de vida por un barco. En un viaje a Florida y las Bahamas, mi esposo y yo conocimos a un hombre que estaba buscando un socio para hacer cruceros de un día. Siempre estábamos buscando oportunidades de negocios para que no tuviéramos que depender de empleos de tiempo completo. Yo acababa de dejar mi trabajo en la universidad y juré no dejarme atrapar nuevamente por este tipo de organización.

En Florida encontré un yate grande que parecía bueno para iniciar el negocio. Estaba en subasta, nosotros hicimos una oferta alta y lo obtuvimos. Yo no tenía el dinero en ese momento pero volví a casa y arreglé hipotecas y préstamos para pagarlo. La adquisición del bote fluyó, pero más tarde me di cuenta de que el barco no había servido para el propósito que yo pensaba.

El socio desapareció y nos dejó con un barco de 16 metros del que no sabíamos nada. El mantenimiento que necesitaba hizo imposible llevarlo a las Bahamas en cruceros de un día, viajaba con frecuencia a Florida para cuidarlo. Aún pensaba que seguiría viviendo en Canadá.

Mientras estaba en Florida en uno de esos viajes de supervisión, al sacar a pasear a mi perro, me encontré con una mujer con la que hice migas, fuimos a comer y a una librería, allí me recomendó dos libros sobre regresiones a vidas pasadas, los leí con entusiasmo, y estimularon mi interés por la hipnosis. Más tarde, cuando lo intenté, no logré encontrar a esta mujer.

Era como si un ángel hubiera aparecido en mi vida para guiarme hacia el siguiente paso.

Fue por medio de la hipnosis que encontré mis conexiones en Florida. Conocí gente con quien conduje talleres y por medio de un curso de hipnosis, me contacté con una escuela en la que di clases. Con el tiempo obtuve mi residencia.

Gracias a la hipnosis me interesé realmente en la conexión mente-cuerpo y la vinculé a las prácticas orientales que ya estaba realizando. Como ves, es una cadena de eventos que parecen no tener sentido en cierto momento, y que sin embargo te llevan en otra dirección. Cuando depositaba toda mi energía en la acción o las metas, empujaba contra la corriente y surgían dificultades que me impedían progresar.

Cuando me detenía a reflexionar y regresaba al flujo, descubría que aunque no sabía en dónde iba a terminar, estaba atenta y me movía en el momento apropiado. Cuando miro hacia atrás, sé que las cosas que no implicaron esfuerzo fueron las que me hicieron avanzar en el camino, como la donación de mi yate a una organización infantil. Mientras luchaba por venderlo, una organización me lo pidió en donación para un programa infantil. Ya que había perdido tanto dinero en él, necesitaba venderlo a muy buen precio, como no aparecía ningún posible comprador, pensé en donarlo, me gustaba lo que esta organización hacía por los niños. Aunque no obtuve beneficios económicos, gracias a la donación comencé a trabajar en programas infantiles, ahora estoy muy involucrada en el trabajo con niños.

La sincronicidad de conocer a un hombre que hablaba de barcos, encontrar uno, pagarlo y venir a Florida cambiaron el curso de mi vida. Nada de esto tenía sentido, si alguien diez años antes me hubiera dicho que viviría en el sur de Florida, seguramente habría pensado que estaba loco.

Tenemos que estar preparados para movernos con los eventos y dejar que nos lleven incluso a lugares inesperados. Estos sucesos podrían no coincidir con nada de lo que hemos anticipado. En el siguiente ejercicio, debes estar consciente de cómo esto podría haber ya ocurrido en tu vida. También tómate un tiempo para reflexionar sobre las cualidades que te gustaría desarrollar, convirtiéndote en un mentor exitoso para ti y para los demás.

Atraer a tu vida a los benefactores

Piensa en eventos inesperados en tu vida. ¿Cómo han cambiado el curso de los sucesos para ti? Piensa en cosas importantes en tu vida. ¿Cómo llegaron a ti? Abre un libro al azar y observa cómo lo que lees te podría dar una respuesta. Permanece abierto a los mensajes a tu alrededor. Podrían venir en las palabras o acciones de alguien más.

Piensa en la gente que realmente ha hecho una diferencia en tu vida. Enumera algunas de las cualidades que te inspiraron y motivaron (como ver tus fortalezas, no hacer juicios, etcétera).

Piensa en aquellas ocasiones en las que tú has hecho lo mismo por otros. Probablemente muchas veces has inspirado y motivado a los que te rodean. Enumera las cualidades que exhibiste en esos momentos.

¿Qué cualidades y características te gustaría mostrar? ¿Son las mismas que te gustaría atraer en otras personas? Debes saber que atraemos la misma energía que enviamos.

Visualízate irradiando las cualidades que te gustaría atraer. Imagínate con una persona (quizás una persona que encuentras difícil) y obsérvate percibiendo una imagen superior de ella, impulsándola y no juzgándola. Entra en contacto con el sentimiento que esto evoca en tu interior. Deléitate en ese sentimiento y ten conciencia de que, al enviar esto al exterior, también lo atraes a tu propia vida.

Afirmaciones

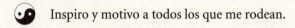 Inspiro y motivo a todos los que me rodean.

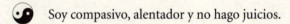 Soy compasivo, alentador y no hago juicios.

Ayudo a la gente a entrar en contacto con una imagen superior de sí misma.

Atraigo a benefactores a mi vida.

Estoy abierto a todos los mensajes que me ayudan en mi camino.

Feng Shui para tu entorno

Ésta es el área de los viajes, la sincronicidad y los benefactores. El elemento es el metal. Las sugerencias son las
siguientes:

- Cuadros de mentores.

- Pinturas, carteles o cuadros de guías espirituales o
  ángeles.

- Cualquier cosa hecha de metal.

- Los colores gris, plata, pewter, cobre, blanco o negro
  (los colores adyacentes en el bagua).

- Formas redondas, ovaladas o de arcos.

- Fotos de lugares a los que has viajado o quieres viajar.

Trigrama de la creatividad o los hijos

Este trigrama, llamado *tui*, se representa por una línea yin encima de dos líneas yang. Debido a esta formación, el trigrama parece débil exteriormente, pero la fuerza y el poder están en el interior. A menudo se le relaciona con un lago, ya que el poder de este trigrama está bajo la superficie y su apariencia exterior es pacífica. La parte del cuerpo asociada con él es la boca, pues a través de ella expresamos los sentimientos profundos. En este caso, se refiere a los sentimientos de regocijo, generosidad, aliento y creatividad transformados en palabras.

En el bagua, se encuentra frente a los ancestros; está en el lado occidental de tu casa. La progenie, los proyectos creativos, los niños y todo lo que produzcamos depende de dónde hemos estado en el pasado y de las lecciones obtenidas de la experiencia.

Al trabajar en nuestros proyectos creativos, los refinamos como al metal, que es el elemento de esta parte del bagua. En esta sección, trataremos la forma ideal de ser padres de nuestros hijos, y de nuestro niño interior, hablaremos también de la educación de los hijos, y de cómo encontrar la creatividad y el camino a la felicidad.

Ser madre

Hasta que nos convertimos en padres descubrimos lo difícil que resulta ese papel. Ayer fue Día de las Madres y pensé mucho en mi crecimiento al lado de mi madre. Aún está viva, pero se encuentra en un asilo. Padece Alzheimer y ya no me reconoce. Llamarla me entristeció y me hizo recordar los momentos que de niña pasé con ella.

A diferencia de hoy, en aquel entonces, las mujeres de clase media se quedaban en casa con sus hijos. Cuando yo crecí, era mal visto trabajar si tenías hijos. Las mujeres permanecían en casa y se ocupaban en labores del hogar, y llenaban su tiempo libre con trabajo voluntario y comunitario. Las que yo conocí parecían contentas con lo que les había tocado y tenían suficiente tiempo para reunirse y realizar diversas actividades. No parecían estar tan presionadas como las mujeres de hoy en día, que tratan de equilibrar el trabajo y la familia.

Al comparar ambos roles, me doy cuenta de que hemos perdido mucho. Morimos antes a causa de infartos y muchas de las enfermedades tradicionalmente "masculinas". Nos sentimos estresadas y presionadas, y a menudo no le damos tiempo de calidad a nuestros hijos por estar muy preocupadas.

Yo dejé el tradicional papel de madre que se queda en casa cuando me separé de mi primer marido. Rechacé su apoyo y decidí que debería aventurarme sola en el mundo. Me dio miedo abandonar la vida que conocía, la que mi madre había vivido. Me sentí impulsada a encontrar algo que no se relacionara con tener una familia estable y dinero. Creo que, a largo plazo, he florecido gracias a ello, pero con frecuencia me pregunto si mis hijos han sufrido.

Cuando era joven, iba de la escuela a la casa a comer, y mi madre estaba allí para darme la bienvenida. También la encontraba cuando volvía de la escuela. Incluso si no quería hablar con ella, sabía que estaba ahí si la necesitaba. Cuando los niños pequeños están creciendo, se sienten más seguros en presencia de su madre. Se aventuran más lejos porque saben que ella está ahí. Cuando la madre no está, se vuelven más inseguros.

Cuando mis hijos eran pequeños, a menudo yo no estaba cuando volvían a casa. Cuando me encontraban, la mayoría de las veces estaba preocupada y presionada por el trabajo y la escuela, y los cuidaba sin dedicarles la atención que necesitan. Indudablemente no estuve con ellos tanto como mi madre estuvo conmigo. Ella pensaba que su propósito en la vida era cuidarnos a mi hermana y a mí, mientras que yo buscaba mi propósito.

Me parece que la edad en la que te conviertes en madre es determinante. Mi madre fue maestra por varios años y se casó después de los treinta, a mí me tuvo hasta los 39 años. Había satisfecho sus deseos profesionales y estaba lista para asentarse y concentrarse en la familia.

Tener hijos es muy difícil para los jóvenes, en esos años aún no nos conocemos a nosotros mismos, estamos intentando encontrar nuestro lugar en el mundo y apenas podemos cuidarnos de nosotros mismos, ¿cómo cuidar de un niño? Las tribus indígenas tienen razón cuando dejan que los mayores críen a los pequeños. Yo soy mejor madre ahora que antes.

Comparo los dos estilos de vida, el mío con mis hijos y el mío con mi madre. Como mujeres, nosotras hemos avanzado en el desarrollo de nuestras habilidades, pero, ¿hemos perdido nuestra conexión con la gente? Mi madre expresó su creatividad por medio de las artes, las artesanías y la floristería. Esas habilidades ya no se valoran en este tiempo a menos de que produzcan dinero.

¿Cuál de los grupos era más feliz? Yo creo que la generación de mi madre, y muchas de ellas han vivido largas vidas que lo demuestran. Quizá no eran conscientes espiritualmente, pero vivían vidas espirituales y amorosas sin tener que conocer los principios. Nuestra generación en cambio se siente empujada y presionada, nada parece suficiente. Antes las madres se sentían orgullosas de cuidar a sus hijos, no existía ninguna presión externa que las obligara a rendir más. Muchas hubieran sido fantásticas en el mundo de los negocios, pero, ¿se perdieron algo al no estar ahí?

¿Qué hemos ganado con ser supermujeres? Sabemos que podemos hacerlo todo, pero ¿cómo ha afectado esto a nuestras relaciones o a nuestro espíritu? ¿Nos ha ayudado a conectarnos con nuestro verdadero propósito?

Tal vez como muchas mujeres de entonces fueron forzadas a asumir el papel de amas de casa, no pudieron hacer contacto con su propósito y terminaron sintiéndose vacías. Hoy en día, tenemos muchas oportunidades para trabajar, pero con frecuencia el exceso de ocupaciones evita que nos conectemos con nuestro propósito. Necesitamos encontrar el punto medio, un sentimiento de satisfacción y el tiempo para reflexionar y descubrir si estamos en el camino correcto. Una forma de saberlo es conociendo nuestros sentimientos, lo que hagamos debe producir satisfacción y alegría en nosotros.

El camino del regocijo

¿Cómo podemos manejar nuestros roles y tener felicidad en la vida? El fenómeno de la supermujer a menudo se da por la motivación del logro y el condicionamiento de la lucha. Puedes vivir la vida de muchas formas en esta tierra, muchos elegimos el camino de la lucha en lugar del camino del regocijo. He hablado del camino de la lucha en otros capítulos. Pero, ¿cómo podemos caminar por el sendero del regocijo? ¿Estás consciente de qué trae regocijo a tu vida? ¿Pasas el día haciendo las cosas que te complacen o estás demasiado ocupado realizando tus tareas cotidianas? ¿Vives en el presente o te preocupas más por cómo serán las cosas en el futuro, cuando seas feliz? Esta parte del bagua se ocupa de cómo avanzamos con regocijo hacia el futuro.

Generalmente llenamos nuestros días con actividades que no nos producen felicidad, corremos de una cosa a otra, sintiéndonos acosados y abrumados. Pensamos que tendremos paz y regocijo cuando alcancemos una meta o acumulemos cierta cantidad de dinero. Nos imaginamos cómo será ser feliz, en lugar de buscar la felicidad del presente. Igual que la abundancia, la felicidad es un estado mental que se cultiva en el ahora. Es la felicidad presente lo que te traerá felicidad futura.

Encontrar el propósito es hacer las cosas que te gusta hacer, necesitas dedicar más tiempo cada día para realizarlas. Solemos distraernos por los sentidos, las carencias y las necesidades de otros. Una buena forma de evitarlo es comenzar el día queriendo hacer las cosas apegados a nuestro propósito superior, sin permitir que nada nos aparte de esta idea.

Puedes elegir cómo quieres vivir cada día aunque no lo creas. Si realizas un trabajo que parece una lucha y no te da ninguna satisfacción, es tiempo de revaluar tu situación. Debes saber que la vida está más allá de lo que se encuentra en la superficie. Serás guiado al trabajo que te dará felicidad si vives en el presente y buscas la sincronicidad en todas las situaciones.

Somos libres de elegir en todo momento. Puedes haber construido un área de trabajo basada en ciertos logros y formas. El camino del regocijo es aprender a no quedarse atrapado por las formas sino sentirte sostenido por ellas. Como en el Feng Shui, si esto no sucede es tiempo de cambiarlas.

Si nos pudiéramos levantar cada mañana con una visión superior de nosotros mismos y preguntarnos de qué manera la reforzaremos con nuestra actividad, comenzaríamos a descubrir el camino a seguir. Si tenemos el valor de eliminar las distracciones externas y sintonizarnos con nuestro interior, encontraremos las respuestas del universo que nos indican el siguiente paso que podría ser llamar por teléfono a alguien o conocer a cierta persona que ponga de cabeza nuestra vida. Solemos tener una existencia menos que feliz porque permitimos que la gente nos aleje de nuestro camino con sus demandas. De alguna manera nos sentimos responsables de ellos. Cuando eso te ocurra, recuérdate que se trata de un condicionamiento y que el sentimiento de obligación proviene de los viejos mensajes que hemos tratado en otros capítulos. El camino de la compasión no te obliga a estar atrapado en los dramas de los demás. Podemos reconocer a la gente por quién es, no juzgarla y saber que tiene su propio camino, para luego dejarla amorosamente partir.

La gente que constantemente necesita tu energía para salir de las dificultades, te la está robando. Cuando descubrimos que nuestra ayuda con frecuencia obliga a otros a quedarse atorados en su dificultad, nos apartamos para que encuentren sus propias soluciones y sean más independientes. El camino del regocijo nos permite dejar de cargar a los demás.

Este camino también te ayuda a dar y recibir libremente y a sentirte agradecido por lo que ya tienes. Cuando des, da de corazón y permanece abierto a recibir lo que se te ofrece. Debes saber que cuando estás agradecido por todo lo que has recibido, recibes más. Al comenzar a abrirnos y sentir regocijo, incluso por las cosas más simples como los pájaros y las flores, el universo nos regala más cosas que produzcan gozo a nuestro ser.

Cuando te levantes por la mañana, piensa en lo que te traerá felicidad. No pienses en tus problemas, piensa en lo que te hace feliz y pon una sonrisa en tu rostro. Una sonrisa activa los químicos de tu cuerpo que lo mantienen sano.

Crea una visión más alta de ti mismo y vívela diariamente. Siéntate y revisa tus actividades, y piensa si te traerán felicidad u obligación. Elige eliminar las obligaciones y arma tu día con actividades placenteras. Al hacerlo, descubrirás que el propósito superior de tu vida evoluciona, incluso si aún no sabes cuál es.

Tu reto es ignorar el juicio de los demás, muchos no comprenderán lo que haces y tratarán de sacarte de curso diciéndote que deberías dedicarte a otra cosa. En esos momentos, evoca la visión superior de ti mismo y recuérdate que puedes elegir la felicidad. Eres un pionero en el camino aunque otras personas no estén conscientes de ello.

Aprovechar la creatividad

Hace poco, cuando lancé las monedas del *I Ching* y busqué el hexagrama resultante, recibí *el manantial,* que se representa por un poste de madera sumergido en el agua, o una planta extrayendo agua del suelo. Su función es recordarnos que el mundo puede cambiar pero el manantial siempre es igual.

¿Cómo entramos en contacto con el manantial de nuestro interior, parte de nosotros que no cambia, sin importar lo que ocurra alrededor? Es de nuestro manantial de donde surge la creatividad. Necesitamos hacer contacto con esa parte de nosotros para poder crear en lugar de reaccionar. La mayoría de nosotros no somos creativos porque no nos tomamos el tiempo para sentarnos y contemplar.

No tenemos paz ni regocijo, porque a menudo estamos en crisis y concentrados en lo que parece ir mal. En ese estado, no podemos acceder a la parte más profunda de nosotros mismos, ni obtener soluciones creativas.

Las filosofías orientales nos permiten ver la cualidad no cambiante que existe en nuestro interior, la parte de nosotros que está siempre callada y en calma. ¿Cómo accedemos

a ese manantial interior? A través de las prácticas orientales podemos alcanzar el Espíritu interior; éstas enseñan que
cuando aprendes a controlar el cuerpo puedes controlar la
mente, y cuando puedes controlar la mente permites que
el Espíritu penetre.

Cuando revisamos las vidas de personas creativas como
Edison y Einstein, descubrimos que ellos atribuían su creatividad a la conexión con esa paz interior. Pasaban mucho
tiempo solos, disfrutaban de la siesta, sus ideas no prove-
nían de forzarse a encontrar una solución, sino de abrirse
al flujo del conocimiento universal. Muchas de estas personas afirman que no saben de dónde surgen las ideas, pero
están conscientes de que no pueden forzarlas.

¿Cómo logramos entrar en contacto con nuestra creatividad y alejarnos del modo reactivo? Hay ciertas cosas
que podemos hacer, ya que las experiencias creativas reve-
ladoras a menudo provienen de periodos de silencio, tómate un tiempo para estar en calma o meditar como mínimo
una vez al día. Sugeriré métodos para facilitar ese proceso
en el Capítulo 8. A menudo, caminar entre la naturaleza
estimula la creatividad.

Como recomendé en el primer capítulo, trata de vivir
en el presente y de ir con el flujo. Mientras más atado estés
a tus puntos de vista, más difícil te será abrirte a las nuevas
ideas. Necesitamos abandonar el apego a ver las cosas de cierta
forma, porque siempre existe otro punto de vista. Tenemos
que estar abiertos a la sincronicidad en nuestro entorno y
saber que en ocasiones la respuesta que buscamos está frente
a nosotros. Si nos apartamos de la forma habitual de ver
las cosas y tratamos de ver más allá, seremos más creativos,
aun con los problemas de nuestra vida. Puede suceder que,
al apartarnos de la lógica, nos topemos con personas que tengan la pieza faltante de un dilema particular.

Escribir un diario cada día te hará entrar en contacto con
una parte más creativa de ti mismo. A veces, el ejercicio de

la escritura te conecta con una perspectiva más profunda y puede ser terapéutico. Cuando revisas las entradas de tu diario ves los patrones que emergen. Al analizar tu conducta desde una perspectiva objetiva, puedes cambiar las cosas en tu vida. Tus sueños te hablan de lo que ocurre en la mente subconsciente, registrarlos te puede volver más perceptivo, si vemos lo que aparece en sueños como símbolos que representan una parte de nosotros, podemos acceder a información muy valiosa. Tras escribir mis sueños y advertir un patrón de caos, pude soltar muchos compromisos de mi vida.

Espera lo inesperado y sé flexible, sabiendo que lo único constante es el cambio. En ocasiones nos resistimos a él, pero es gracias al movimiento continuo que evolucionamos hacia otro nivel. Necesitamos abrir los brazos al cambio, especialmente al que tiene que ver con nuestro entorno. Cuando nos aferramos a las cosas tal y como están, nos atoramos en viejos condicionamientos y patrones de pensamiento. Necesitamos liberar esto que nos detiene para entrar en contacto con la creatividad.

Cuando busques una solución, intenta que sea totalmente opuesta a la que tomarías normalmente. Esto se llama pensamiento contrario y nos permite encontrar nuevas soluciones. Esta área del bagua nos impulsa a alejarnos de patrones habituales de pensamiento, por lo que es importante tratar de hacer lo contrario de lo que piensas. Cuando tenía mi tienda de ropa, llegaba gente que siempre se había vestido con el mismo estilo y colores. Yo los alentaba a ser creativos y a usar algo completamente diferente. Con frecuencia, después de que superaban el sobresalto inicial, les gustaba cómo se veían. En ocasiones, una nueva imagen te puede llevar a sentirte más seguro.

También te recomiendo realizar lluvias de ideas, es una buena mecánica de grupo, pues surgen las venas creativas de las personas. En esta mecánica lanzas todas las ideas que puedas sobre un tema dado, no importa si son totalmente disparatadas, la regla principal es no juzgarlas. No importa cuán absurdas o relevantes sean. Cuando estoy en terapia, aliento a la gente a decir todo lo que les venga a la mente sin evaluarlo. Cuando lo hacemos, omitimos al censor interno que dice que ésta o aquélla no son buenas ideas. A menudo, los descubrimientos más innovadores provienen de este tipo de mecánica. Si ves que todas las cosas que conocemos, como los autos, los trenes, los aviones o las computadoras surgieron de ideas nuevas y originales que en su tiempo se consideraron disparatadas, tal vez le des más crédito a tu creatividad.

Si nos damos tiempo para jugar y pasarla bien podemos entrar más en contacto con las partes creativas de nosotros mismos. Este trigrama hace énfasis en nuestras cualidades infantiles.

Mientras más infantiles seamos tendremos más posibilidades de ser más creativos. Los niños son bastante imaginativos hasta que asumen el condicionamiento rígido de la sociedad.

Educar a los niños

La cultura china cree en educar a los niños de forma que se sumerja su individualidad y se conviertan en parte integral de su grupo o comunidad. Nuestra cultura promueve la educación que alienta la individualidad creativa y la formación de ciudadanos responsables. A partir de lo que hemos observado, estamos fallando en este intento educativo. Tenemos que recordar que nuestro futuro será guiado por nuestros hijos. Mi miedo es que no les estemos dando las herramientas que necesitan desarrollar con el fin de mejorar el futuro.

Los niños de hoy hacen muchas cosas para atraer la atención de los adultos. Algunos cometen delitos, otros intentan comunicarse con nosotros pero de una manera que no nos gusta; desgraciadamente, éstas son consecuencias de nuestra falta de dirección como sociedad. Los niños crecen buscando consistencia, amor y respeto, a cambio obtienen confusión y reglas sin sentido. Necesitan saber y sentir que pertenecen a una comunidad, si no lo logran crean comunidades propias, muchas de ellas se basan en rebelarse contra lo que existe a su alrededor, aunque no nos guste aceptarlo, sus actitudes reflejan los valores subyacentes en la sociedad.

Los crímenes de niños que matan a otros niños nos impresionan y logran sacarnos de nuestra apatía, es entonces cuando nos preguntamos qué tipo de sociedad hemos construido. Nos resulta más fácil culpar a los padres o al sistema educativo que pensar cómo influyó nuestra sociedad en los hechos. El mundo de hoy gira en torno a la violencia y la guerra, los niños ven diariamente imágenes violentas en la televisión o las películas. No debe extrañarnos de que elijan la violencia al tratar de resolver alguna disputa en sus vidas.

Al haber trabajado como suplente en escuelas primarias, secundarias y preparatorias, sé cuán difícil es educar a los niños. Con los grupos grandes, los maestros no tienen tiempo de tratar a los estudiantes individualmente. Lo mismo que en mi niñez, para controlar a los alumnos, se pone énfasis en la disciplina, las normas y los reglamentos no explicados. Las normas a menudo van en contra de la actitud natural de los niños de moverse y hablar con sus compañeros. Los niños son tratados duramente y se les impone obedecer las reglas. Algunas escuelas se asemejan a las cárceles con celadores por todas partes.

Hoy en día, los niños son más sofisticados y necesitan más explicaciones de por qué las cosas son como son. Ahora, la mayoría de los pequeños necesitan otro estilo de disciplina. Desde el punto de vista metafísico, los niños pueden comprender mejor que los adultos por qué están aquí, en este planeta, y sienten frustración al no ser atendidos.

Hay más problemas de déficit de atención que nunca antes, muchos niños son medicados por esto. A menudo, la hiperactividad es causada por el aburrimiento que les produce lo que se les enseña. El modelo de disciplina y reglas estrictas ahoga su creatividad. Las escuelas que fomentan el desarrollo de la individualidad de los niños y los procesos creativos tienen más éxito.

Las tutorías en casa se están popularizando, pero, ¿es ésta la solución? El propósito de la escuela no es sólo desarrollar el conocimiento, sino también habilidades de convivencia y socialización. Es importante que los niños interactúen con otros niños.

¿Entonces, cómo debemos educar a los niños? Creo que deben ser respetados por lo que son, no por lo que hacen. El énfasis en nuestra sociedad se pone en quiénes somos por lo que hacemos y no en quiénes somos como personas. "Hacer" es más importante que "ser". En esta parte del bagua, el énfasis está en el regocijo y el dejar ser a la niñez, lo que generalmente no permitimos que suceda. Los niños aprenden que serán aceptados si hacen lo que sus padres quieren o lo que es valorado por la sociedad. Con frecuencia, se les empuja a sobresalir en los juegos y deportes; están tan obligados a ganar, que es un desastre cuando pierden. Más tarde, se encaminan a una profesión que eligieron sus padres, ignorando sus propios deseos y emociones. A menudo se enfrentan a la insatisfacción proveniente de no disfrutar lo que hacen.

Si se nos reconociera por lo que somos y se nos permitiera tomar nuestras propias decisiones, estaríamos más contentos con nuestras vidas. Cuando castigamos a los niños, los hacemos sentir que sólo los queremos cuando cumplen nuestros deseos. Es muy importante que sepan que podemos no estar de acuerdo con sus actos, pero que de cualquier manera los amamos. En una sociedad perfecta, ¿cómo educaríamos a nuestros niños de manera distinta? En condiciones ideales, haríamos honor a la individualidad y los talentos especiales de cada niño. Les permitiríamos expresar libremente sus emociones, incluso el enojo, y luego hablaríamos con ellos, ayudándolos a comprender y a trabajar sus sentimientos.

Les haríamos saber que son amados y respetados y que, en este mundo, tienen un propósito especial que sólo ellos pueden cumplir. Les daríamos el aliento y el entrenamiento que les permitiera lograr su propósito. Los impulsaríamos a desarrollar su creatividad y los dejaríamos pensar por sí mismos.

No dejaríamos su cuidado sólo en manos de sus padres, sino que toda la comunidad se encargaría de su educación. Permitiríamos que los mayores les transmitieran su sabiduría, porque, en una sociedad iluminada, son los mayores de la tribu los que educan a los niños. En ese tipo de comunidad, los viejos son respetados por haber vivido lo suficiente para conocer los patrones. Los niños no estarían aislados en hogares donde existe el riesgo del abuso. Vivirían en una gran familia donde todos los apoyarían. Este tipo de vida prevalece más en la sociedad china. El bagua del Feng Shui nos muestra que necesitamos aprender del pasado para tener una progenie equilibrada en el futuro.

Los niños serían amados, honrados y respetados de la forma en que a todos nos gustaría serlo. Crearíamos límites para nuestros niños y les explicaríamos la razón de su existencia, sucedería lo mismo con las reglas y les permitiríamos elegir. Cuando traspasaran un límite o una regla, sabrían las implicaciones y quizá compartirían la decisión sobre las consecuencias. Usualmente, un castigo significativo es aquel que les impide hacer algo que disfrutan o un "tiempo libre" en el que se les saca de su entorno habitual para contemplar su conducta.

El castigo físico enseña a los niños que los golpes y la violencia son la forma de afrontar los obstáculos. Desde mi punto de vista, nunca hay razón para golpear a un niño. No importa cuán frustrado esté un padre, generalmente el maltrato refleja la incapacidad de los padres para salir adelante.

Los niños son capaces de tomar sus propias decisiones y, mientras más se les permita hacerlo, más confianza tendrán en sí mismos al llegar a la edad adulta. Les mostramos las opciones y las consecuencias y les permitimos elegir. Siempre debemos ser consistentes y cuando hemos provocado una consecuencia, es importante asumirla. Damos a los niños su propio espacio, pero estamos pendientes de lo que están haciendo. A veces, demasiadas opciones los empujan hacia la estructura de una banda o una secta.

Por medio de prácticas como el Qi Gong y el Feng Shui les damos herramientas que calman el cuerpo y la mente. Aprenderían a no reaccionar a todo lo que ocurre, sino a elegir sus reacciones. Les enseñaríamos a enfocar y equilibrar por medio de un movimiento lento como el Qi Gong o a través de la meditación. Generalmente los niños están siempre activos, reaccionando a su entorno y enojados por la conducta de los demás hacia ellos. Yo les enseñaría a ver la vida de manera diferente y a aprender que las reacciones de los demás no siempre tienen que afectarlos. Sabrían reaccionar con calma.

Ya que trabajo con niños que padecen problemas físicos o mentales, haría que los niños sanos pasaran un tiempo con ellos, que aprendieran sobre la compasión y apreciaran la salud. Me gustaría enseñarles sobre todos los pueblos y culturas de manera que obtengan una perspectiva más amplia de su propia vida. Si alabamos a menudo a nuestros niños, alentamos sus esfuerzos y los respetamos por quiénes, son serán adultos que confían y creen en sí mismos. La mayoría de nosotros hubiéramos querido tener ese tipo de crianza. Ya que no la tuvimos, necesitamos prácticas que nos ayuden a trabajar ahora con el niño que aún habita dentro de nosotros.

Ejercicio para encontrar al niño interior

La mayoría de nosotros luchamos contra el niño interior que quiere impedir que avancemos. Aún está reaccionando a experiencias pasadas y tiene miedo de olvidar. Lo único que quiere es mantenerte seguro de la manera que sabe hacerlo.

En nuestra niñez desarrollamos sentimientos de impotencia cuando no podíamos modificar los eventos de la vida. Ahora tenemos el poder de cambiar las cosas, para hacerlo, necesitamos estar conscientes de nuestros sentimientos limitantes de la niñez.

En algunos casos debemos convertirnos en padres de nuestro niño, sabiendo que es posible enviar otros mensajes a nuestro subconsciente, reprogramar nuestra mente, reemplazando los mensajes que recibimos en los primeros años con nuevos mensajes que nos fortalezcan.

Cuando te sientas impotente o experimentes emociones fuertes y debilitantes, debes permitirte entrar en contacto con el sentimiento y regresar a una etapa temprana, cuando lo sentiste por primera vez.

Pasa algún tiempo escribiendo tu diario o simplemente entrando en contacto con el recuerdo enterrado que está siendo desatado. Trata de conectarte con ese niño que aún existe dentro de ti y permítete sentir como en aquellos días.

Después de ahondar en tus sentimientos, interactúa imaginariamente con este niño, desde la posición de ventaja en que te encuentras ahora.

Dale a tu niño o niña el amor y la atención que no tuvo entonces. Trata a ese niño como si fuera tu propio hijo, hablándole. Intenta conectarte con él y descubre qué lo hace feliz. ¿Qué harías tú para hacerlo sentir valioso y seguro? He tenido clientes que deciden ir a la playa, dedicar un tiempo a jugar, o tomar más tiempo para sí mismos, entrando en contacto con la revelación de que no se les permitía hacer esto de niños. Visualiza una niñez maravillosa, recuperando esos sentimientos de regocijo y felicidad.

Afirmaciones

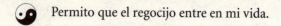 Permito que el regocijo entre en mi vida.

Estoy en contacto con mi creatividad.

Alimento a mi niño interior.

Dedico tiempo a mí mismo y a hacer las cosas que me gusta hacer.

Feng Shui para tu entorno

Esta área es donde enfatizas tus proyectos, creatividad o cualquier cosa que se relacione con la niñez. El elemento es el metal. Las sugerencias de cosas que debes colocar allí son:

Cualquier proyecto en que estés trabajando.

Fotografías de tus hijos.

Juguetes y objetos extravagantes.

Cualquier cosa redonda, ovalada o en forma de arco, o hecha de metal.

- Colores metálicos, blanco o pasteles claros.

- Cualquier cosa que te recuerde una niñez feliz.

- Objetos creativos o artísticos.

El trigrama del conocimiento interior

El trigrama *ken* se compone de una línea continua sobre dos líneas discontinuas, creando la imagen de espacio dentro de algo sólido, como una cueva dentro de una montaña, que es lo que el trigrama simboliza. Sus colores son el azul y los colores de la tierra, que es también su elemento. Se encuentra en el lado noreste de tu casa.

El trigrama representa una montaña estática y en reposo. Para nosotros, esta parte del bagua es un tiempo de inmovilidad, un periodo de espera y soledad para lograr conocernos a nosotros mismos. La única forma en que lo podemos hacer es dedicándonos a la contemplación, la introspección, la sabiduría y el conocimiento. En el arquetipo de la familia, representa al hijo menor.

En el bagua se encuentra frente al trigrama de las relaciones, ambos representan el elemento de la tierra y las cualidades de flexibilidad y receptividad. Es por medio de la contemplación callada y la serenidad interior que comenzamos a conocernos. Sólo a través del conocimiento de nosotros mismos es que podemos ofrecer algo en la relación con otras personas. En esta parte del bagua hablaremos de cómo cultivar una mente callada e ir a nuestro interior, para encontrar el verdadero poder y entender el significado de la muerte; aprenderemos a enfrentar nuestras emociones para lograr serenidad. El ejercicio de los sonidos sanadores tiene el propósito de remover los efectos destructivos de las emociones sobre tus órganos.

Cultivar una mente callada

¿Cómo acallar a la mente? Si podemos calmarnos y tranquilizarnos, accedemos a la parte de nosotros que es el núcleo profundo, nuestro yo espiritual. Es muy difícil llegar a él, porque antes de alcanzarlo hay muchos pensamientos y emociones que nos desvían.

¿Alguna vez has estado de vacaciones y cuando tratas de relajarte, te llegan a la cabeza todas las cosas que quedaron pendientes o aquellas que no te habían preocupado en años? Es como si toda tu vida emergiera para que la revisaras. A menudo te deprimes o sigues haciendo cosas que distraen tu pensamiento. Cuando te sientas en calma, todo viene a ti para que lo veas. Esto también ocurre en medio de la noche, cuando todo parece desastroso y fuera de proporción. Mientras más tratas de dormir, más pensamientos vienen a ti. Mucha gente recurre a las pastillas para dormir, para escaparse de la insistencia de su mente.

Desde la perspectiva de las prácticas orientales, luchamos por llegar a un estado tranquilo en el que dejamos que nuestros pensamientos fluyan a través de la mente sin analizarlos ni juzgarlos. En las prácticas budistas, los pensamientos persistentes se relacionan con el ciclo del karma, las cosas no resueltas de nuestras vidas pasadas, y de ésta. Necesitamos reconocer que están ahí, pero no distraernos con ellas.

Estas prácticas sugieren que debemos permitir que los pensamientos surjan y se establezcan en nuestra mente, como las olas en el océano. Nos dicen que no debemos aferrarnos a los pensamientos, ni solidificarlos. Debes ser como un océano que mira sus propias olas. La filosofía dicta que conforme cambie tu actitud y dejes de tomar los pensamientos con tanta seriedad, toda la naturaleza de ellos cambia.

Tener una mente callada se asemeja a la meditación, en donde necesitas encontrar el intervalo entre los pensamientos. La función de la meditación es permitir que los pensamientos se alejen entre sí, de manera que el intervalo sea mayor. En ocasiones, si te concentras en el tercer ojo, justo por encima del puente de la nariz, te sientes apartado de tus pensamientos.

Hay ciertas técnicas utilizadas en las tradiciones orientales para acallar a la mente. Sugieren que puedes transformar tu lugar de meditación en un espacio sagrado. Usa objetos que te inspiren, como libros, poesía, citas, aromas o flores... cosas que te lleven más allá de tu esquema mental. Un buen lugar para meditar es el área del autoconocimiento de tu casa.

Nuestra postura es muy importante. Podemos sentarnos con las piernas cruzadas en el piso o en una silla, manteniendo la espalda recta, de manera que la energía pueda fluir suavemente y no se bloquee. Se trata de entrenar a nuestra mente y emociones, para tener el control de sentarnos y estar callados siempre que queramos, sin que nos perturben fuentes externas.

Hay tres métodos comunes para acceder a una mente callada o a la meditación: observar la respiración, usar un objeto y recitar un mantra. Observar la respiración significa estar consciente de ella mientras permanecemos en un estado relajado. Al inhalar, aspira relajación y al exhalar, sé consciente de abandonar y liberar la tensión, la frustración, etcétera. Descansa durante el intervalo natural entre la inhalación y la exhalación. No te concentres totalmente en la respiración, permanece consciente de ella y de que estás en el presente, date cuenta de que es una contigo. La respiración no sólo sirve para calmar tu mente sino que envía más oxígeno al cerebro y estimula los órganos digestivos.

Utilizar un objeto es otra forma de enfocar tu atención. Es un buen ejercicio concentrarse en algo como una flor o un cristal para aprender a controlar la mente y para mejorar la habilidad de visualización. En ocasiones, contemplar un cuadro te puede perder en la escena y terminar la conexión consciente.

En una práctica llamada divergencia ocular, observas justo más allá de un objeto hasta que obtienes una visión empañada, cuando ambos lados de tu cerebro se unen. Este ejercicio ayuda a equilibrar el lado izquierdo y derecho del cerebro, de manera que puedas acceder fácilmente a las partes lógica y creativa de ti mismo.

Recitar un mantra o repetir una palabra continuamente, te da la posibilidad de concentrarte y de alejar tus pensamientos. Sin embargo, en algunas disciplinas orientales, un mantra es más que eso: es la esencia del sonido y la encarnación de la verdad en forma de sonido que purifica los canales del cuerpo y carga tu respiración de energía.

Por ejemplo, el mantra *om ah hum* contiene las principales sílabas del sánscrito. El *om* es el sonido fundamental del cosmos y contiene poder ilimitado y, en el cuerpo humano, es el sonido de la cabeza. Suena como la circulación de la sangre y el latido del corazón cuando pones las manos sobre tus oídos. Se dice que este sonido aclara la mente, eleva la vitalidad del espíritu e incrementa la sabiduría. El *om* es una forma corta de decir "yo soy", que es la afirmación divina.

Se dice que el *ah* es el sonido fundamental del crecimiento, el primer sonido emanado de la vida en el principio, el sonido de la manifestación. El sonido *ah* se encuentra en la palabra "Dios" en muchas culturas, como en Buda, Alá, Tao, etcétera. También se dice que desata los nudos del cuerpo y aclara las enfermedades de los órganos.

Hum es el sonido del potencial de la vida y de las cosas materiales. Es el sonido del centro del cuerpo, el *tan tien*. También desata los nudos de los canales de energía del cuerpo y ayuda a crear salud y longevidad.

Hay una práctica budista de Qi Gong que sugiere cantar estos tres sonidos con las manos en posición de oración. Visualiza algo que te inspire frente a ti o concéntrate en una gran luz. Inhala y eleva las manos sobre tu cabeza, juntándolas, tocando tu coronilla, y canta *om*. Haz descender tus manos hasta la garganta y canta *ah*; sigue bajándolas hasta el área de tu corazón y canta *hum*.

Las investigaciones han descubierto que cuando una persona repite una oración, palabra, sonido o frase, cambia la fisiología del cuerpo. Hay un decremento en la presión sanguínea, el ritmo cardiaco, el ritmo respiratorio y la velocidad de las ondas cerebrales. Estos signos son opuestos a los que provoca el estrés, de modo que también pueden reducir el estrés en el cuerpo.

Si queremos que nuestras vidas fluyan suavemente y transitar nuestro propósito, necesitamos encontrar una forma de manejar las presiones cotidianas. Las prácticas como éstas, que se pueden hacer cada día, cada hora, son muy útiles para recordarnos quiénes somos. Hay que conectar nuestra vida espiritual con nuestra vida cotidiana y lograr que cada pensamiento, palabra y acción nos representen en un nivel más profundo.

Este tipo de conducta implica un profundo compromiso de nuestra parte, al asumirlo, advertimos la transformación de nuestro ser. ¿Cómo llevamos esto a la práctica? Para mí, la mañana es un momento importante, el momento preciso después de despertar. Si puedes, al levantarte, registra tus sueños, ya que son un buen indicador de dónde estás emocionalmente. Date un momento antes de dormir y piensa en algún asunto que te esté molestando, verás que recibes la respuesta en tus sueños. Al principio puede costarte trabajo descifrarlos, después encontrarás el sentido al releerlos.

Practicar por la mañana el Tai Chi o el Qi Gong te relajará y llenará tu cuerpo de energía, para que puedas ser flexible y manejar cualquier cosa que ocurra. Como señalé antes, estas disciplinas enfatizan un movimiento físico que te muestra cómo manejar la vida: ceder, alejarte, permanecer abierto y moverte sólo cuando es tiempo de hacerlo. Si haces esto constantemente con tu cuerpo, comienza a mostrarse en tu vida. Algo capaz de provocar una reacción drástica en el pasado, ahora no te molesta de la misma forma.

Es mejor ir a dormir con una mente tan callada como sea posible, de manera que, mientras duermes, estés abierto al reino espiritual. La técnica de los sonidos sanadores (que encontrarás al final de este capítulo) te ayuda a liberar de las emociones los órganos afectados y a equilibrar el cuerpo para que puedas descansar mejor.

Justo antes de dormir es un buen momento para hacer un alto y reflexionar sobre las actividades del día. Escribir un diario es una buena idea porque te conectas con tu sabiduría superior y desarrollas un conocimiento más profundo de tus acciones. Como dije antes, también puedes reflexionar sobre un problema que tengas y pedir guía en tus sueños. Te sorprenderá cómo las soluciones comienzan a venir a ti a través de tus sueños y de momentos creativos a lo largo del día.

Siempre nos envía mensajes nuestro yo espiritual, la mayoría del tiempo estamos demasiado ocupados para escucharlos. Nuestros viejos hábitos de luchar y pensar obsesivamente en algo provocan que los problemas se vuelvan irresolubles. Lo mejor es relajarse y estar abierto a las soluciones que se nos dan. Luchar demasiado o preocuparse aleja las soluciones.

Durante el día intenta tomarte un tiempo para estar en calma, aun en tu escritorio mientras trabajas. Una meditación breve, para alejarte del mundo, te dará una perspectiva distinta. Cuando estás totalmente confundido por algún reto o decisión, es momento de alejarte, dar una caminata por la naturaleza o simplemente poner tu mente en blanco.

La mayoría de nosotros ya sabemos que este tipo de práctica nos ayudaría en la vida, pero aun así no las realizamos. Seguimos corriendo de un lado a otro y no encontramos el tiempo. Sugiero que hagas un esfuerzo y lo intentes, por lo menos durante treinta días, y observa la diferencia. Te garantizo que al crear el hábito de meditar, lo extrañarás cuando no lo hagas. Trata de convertirlo en uno más de tus rituales cotidianos (como lavarte los dientes o cepillarte el cabello). Al hacerlo regularmente, accederás a tu poder interior.

El poder interior

El poder significa dominio sobre algo, existe también el poder en términos de bienes o posesiones materiales. Desde esta óptica la gente es más poderosa que nosotros porque tiene más dinero, posesiones o fuerza física, lo que muchas veces implica que debemos aceptar las sugerencias o consejos de otros porque creemos que son más poderosos. Gracias al poder económico nos sometemos a la autoridad de otros en nuestro trabajo o nuestro hogar

Todo conflicto, ya sea de pareja, familiar, comunitario o internacional, se origina por el falso poder. Pensamos que al obtener dominio sobre algo o alguien, ganamos y el premio se traduce en control o posesiones, sin embargo, a la larga, descubrimos que no hemos ganado nada.

Cuando hablamos de falso poder, nos referimos a cualquier cosa externa que pensamos que nos completará, ya sean posesiones, dinero, relaciones, drogas, alcohol o comida.

Existe un poder verdadero más allá de todo lo exterior, uno que te dará control sobre tus emociones, tu mente, tu cuerpo, tus relaciones, tu salud, e incluso tus finanzas. Es el poder del Espíritu dentro de ti y está al alcance de todos. Cuando descubrimos que el centro de poder es el yo espiritual que todos tenemos, nuestra perspectiva cambia.

"El Tao del que se puede hablar no es el Tao verdadero", dice el *Tao Te King*. El poder interior no es algo que puedas ver o de lo que puedas hablar. Estoy segura de que has conocido gente que tiene un halo que no puedes describir, sólo lo sientes. Pueden estar en una posición de poder terreno o hacer algún trabajo menor a los ojos del mundo.

La primera vez que sentí este tipo de poder fue cuando conocí a un jefe indio que asistió a una conferencia conmigo. Condujo una ceremonia, lo más notable de este anciano era su talante pacífico. Más tarde descubrí que vivía de manera muy sencilla y sin posesiones.

Se sentaba y adoptaba una postura suave y calmada, hablaba de la sabiduría de su gente y de la comunicación que sostenían con la naturaleza. Al hablar, algo emanaba de él más allá de sus palabras. No olvidaré el efecto calmante que lograba en mí. Yo era más joven y padecía de dolores de cabeza, tal vez a causa de la presión intelectual bajo la que me encontraba. Gracias a su presencia dejé de preocuparme por las posesiones materiales y por tener autoridad. Era obvio que su poder estaba en algo más, yo sentía que con su actitud decía: ¿para qué te molestas por las cosas que te preocupan? Hay algo más allá de todas esas cosas que es más importante y si te conectas con ello, te traerá la verdadera paz que no está en las cosas del mundo.

Desde aquel tiempo, me he encontrado con otras personas que poseen ese callado poder, muchas están involucradas en prácticas orientales. La filosofía que subyace a estas prácticas se basa en la premisa de que somos seres espirituales que residen temporalmente en la tierra y que

nuestro verdadero poder se fundamenta en el mundo espiritual o el Tao.

Cuando piensas esto en términos de poder, ¿significa
que cedes tu poder a una autoridad superior, del mismo
modo en que abandonas tu poder terreno? Ceder el poder
terreno a alguien más significa que otra persona toma tus
decisiones por ti y que pones tu destino en sus manos.

Al rendirte al Espíritu, pierdes el sentido de individualidad. Aquí, rendirse significa agrandar tu visión a "tener
que hacerlo todo tú mismo", a alinearte con las poderosas
fuerzas que trabajan hoy en el universo. La diferencia es
que estás consciente de un plan mayor del cual eres parte.
Tener poder interior significa permitir que el Espíritu te
guíe, consciente de que formas parte de una fuerza más
grande y de que puedes acceder a esta fuerza para lograr
todo lo que quieras. Entonces, el poder interior se basa en
quién eres como ser divino y te conecta a las poderosas
fuerzas del universo. El poder interior te lleva a sentir fuerza y confianza, pues sabes que el verdadero poder no existe
en el mundo terrenal.

El poder mundano significa dominio sobre alguien, se
manifiesta cuando una persona se somete a otra. Cada persona está separada, es individual y compiten entre sí. Se basa
en lo que haces, por ello es efímero. Otras personas pueden
robar tu dinero o posesiones, la enfermedad merma tu salud y la edad se lleva tu fuerza, entonces el poder mundano
termina.

En otras palabras, este tipo poder se basa en el miedo.
El miedo te dice que no puedes confiar en la gente, que tienes recursos limitados que debes cuidar celosamente o te los
quitarán. Debes permanecer lejos de los gérmenes o te en-
fermarás. Otras personas te quitarán tus cosas. Vives en un
mundo competitivo y podrías no tener éxito. Tienes miedo de perder tu trabajo, de no alcanzar una buena posición
económica, etcétera.

Mientras mayor sea la impotencia de la gente, más intenso será su deseo de arrancar el poder a otros. Esto es evidente con los países que intentan dominar y someter a otras naciones. La mayoría de los crímenes atroces cometidos por individuos o naciones se han hecho con la intención de sentir más poder. La lucha del poder es interminable, mientras más tienes más quieres. No hay final. En muchos casos, la adicción a las drogas, el alcohol, la comida, las relaciones o cualquier otra cosa, puede estar sostenida en la búsqueda de poder, con el que pretendemos llenar nuestro vacío.

¿Cómo terminar la lucha por el poder? Podemos hacerlo cuando sabemos que en lo que ocurre a nuestro alrededor existe un significado profundo. Cuando nos basamos en la premisa de que todos estamos conectados y somos parte de un plan divino, cuando somos conscientes de que las divisiones físicas pertenecen al mundo y no al Espíritu. ¿Cómo sentimos esa conexión y al mismo tiempo realizamos nuestras actividades cotidianas? Hay dos conceptos taoístas que nos pueden ayudar: el no-apego y la no-acción.

El no-apego

Como dijimos antes, el verdadero poder no pertenece a este mundo. Al aferrarnos a las cosas que nos hacen sentir poderosos, como las posesiones, el dinero y los empleos, no encontramos la paz. Mientras más tenemos, más queremos.

Si tenemos posesiones, mientras más desapegados estemos de ellas, más fácil nos será disfrutarlas y permitir que vayan y vengan. Permanecemos alejados de las cosas del mundo porque no estamos seguros de lo que significan. Evidentemente, no venimos a este mundo para cuidar posesiones o amasar grandes fortunas. El propósito de la vida no es dejar monumentos de nosotros mismos, sino retornar a nuestro yo espiritual.

El no-apego es una entrega al Espíritu, la entrega no implica abandonar nuestro poder, como lo haríamos si nos sometiéramos a algo en el mundo; es una forma de conectarnos con un poder superior a nosotros mismos del que somos parte.

Recuerda el ejemplo del Capítulo 1 del océano y la gota de agua. Si una gota de agua pensara que está sola, no tendría mucho por hacer, pero si esa gota de agua se sabe parte del todo, entiende que es poderosa. Sola no puede hacer nada, pero con el poder de la fuerza del océano en ella es capaz de mover montañas. Observa la devastación causada por las marejadas y la fuerza del huracán detrás de ellas. Del mismo modo, nosotros somos parte de una fuerza superior.

Cuando nos sentimos parte de esta fuerza, podemos restar importancia a las cosas que nos rodean y verlas desde una perspectiva más amplia. Muchos de los trabajos esotéricos de la actualidad dicen que como seres humanos, somos parte de un plan mayor, que afecta a todo el universo. No siempre podemos saber por qué ciertas cosas nos ocurren, pero usualmente hay un propósito más profundo.

¿Cómo nos alejamos de situaciones que nos tienen totalmente involucrados, ya sean problemas de relaciones, dinero, trabajo o situaciones de vida? El permanecer desapegado significa no preocuparse por lo que ocurre. No significa que nos alejemos de la situación, sino que tratemos de verla desde una perspectiva más amplia, sabiendo que siempre existe una lección que aprender. Mientras más nos preocupemos por determinada situación, más difícil nos será encontrar la solución.

Si reflexionamos tranquilamente sobre la situación que nos preocupa, obtendremos una idea del patrón y la lección por aprender. Entonces aparecerá la solución. Para encontrar esa solución, nuestras viejas costumbres nos dirán que debemos estar activos, salir y hacer algo.

La manera espiritual de lograrlo es con la noacción. Con esto queremos decir "estar en el flujo", lo opuesto a perseguir algo activamente.

La no-acción

¿Alguna vez has estado en una situación en la que todo sucede sin esfuerzo y sin que intentes hacer algo? Es lo que los atletas llaman "estar en la zona". Es el estado en el que todo parece conectarse fácilmente. Recuerda algún momento de tu vida en el que parecía que todo fluía. Eso es lo que se llama no-acción.

Significa "actuar sin hacer", es un concepto difícil de comprender en nuestra sociedad, una forma distinta de ver el mundo. En lugar de luchar por objetivos, nos centramos en el ahora, observando la sincronicidad de cada momento. Implica permanecer en contacto con la guía interior y saber cuándo actuar y cuándo no actuar. Si piensas en algo importante que ocurrió en tu vida, tal vez se dio sin tu planeación. Por ejemplo, yo nunca soñé con dejar Canadá y vivir en Florida. Como dije antes, fue una cadena sincrónica de eventos lo que me trajo aquí.

Como también mencioné antes, luchar por todo fue la forma en que me condicionaron mis padres. Si no luchas por algo, no mereces tenerlo. Para mis padres, la no-acción sería pereza e indolencia. Mi padre diría: "No puedes sólo estar sentada rascándote el ombligo", pero eso es justamente lo que tienes que hacer. De hecho, las prácticas taoístas creen que tienes un centro intuitivo en el área de tu ombligo o justo debajo (el tan tien). La sensación que tenemos en las "entrañas" o en este centro a menudo es nuestra intuición trabajando.

Cuando entendemos ese centro como nuestra guía, andamos sin esfuerzo y las cosas se dan naturalmente. Nos movemos cuando todo fluye para nosotros y nos detenemos cuando deja de fluir.

Lo importante es advertir la diferencia entre reaccionar a una situación y tener tu propio poder. Cuando reaccionas a una situación, estás oponiendo tu poder a algo, pero éste no proviene de tu fuerza. Cuando sí proviene de tu fuerza, estás seguro de ti mismo y de tus decisiones porque no están influidas por nadie más.

Muchas veces te encontrarás con que otra persona no está de acuerdo con tu decisión, quizá tu cónyuge o tu jefe. Podrías estar moviéndote contra el mundo a tu alrededor y esto necesita de tu fuerza interior para seguir tu decisión.

Trata de ser consciente de la diferencia entre una intuición inspirada y tus viejas respuestas condicionadas. Estas viejas respuestas, que son típicamente tu primera reacción, en general provienen del miedo. La guía interior es sabia y feliz, y usualmente llega sin mucho pensarlo. Espera hasta que el miedo te abandone y guíate por lo que te haga sentir alegre. Confía en tus propias decisiones y tratar de no dejarte influir por las opiniones de los demás. Otros tendrán mucho que decir y tratarán de influenciarte, aprende a confiar en ti mismo y en tus decisiones.

La siguiente sección está dedicada a un tema difícil, el significado de la muerte. La aceptación de la muerte llega con la conciencia de ser. Si la asumes puede traer sensación de libertad a tu vida.

El significado de la muerte

Cuando mi hermana murió, yo tenía 21 años y no comprendía por qué había muerto tan joven (25 años). Este suceso me llevó a pensar que la vida no era segura y que no era bueno ser aventurado. Ella tuvo un accidente al escalar una montaña en Malasia, trabajaba en el cuerpo diplomático de la embajada de Canadá en ese país. Durante los años posteriores, yo estuve perpleja ante el significado de la vida, debido a que la de mi hermana fue breve y llena de logros, parecía haber terminado antes de alcanzar una existencia plena. La felicidad abandonó a mi familia, estábamos tristes y asustados ante la idea de experimentar cosas nuevas. Yo había planeado visitar a Mary en Malasia el siguiente verano, pero, después de su trágico accidente, decidí casarme y asentarme. Con lo vivido aprendí que debía buscar la certeza y la seguridad que conocía.

Ahora que mi óptica ha cambiado, recuerdo su muerte y sé que teníamos algo que aprender de su corta vida. La última vez que estuve con ella, el año anterior a su muerte, ya no ví a la niña celosa y malhumorada de nuestra niñez. Se había vuelto amorosa y me inspiraba a pensar lo que haría de mi vida.

Crecí atada a sus logros, no podía superarlos. Las vidas de mis padres giraban en torno a ella y no tenían tiempo para mí. Su carrera académica, musical y atlética había sido tan impresionante, que yo no lograba hacer algo que les interesara. El énfasis en mi familia estaba en conseguir, en "hacer". Yo vivía a la sombra de mi hermana.

A veces tengo la impresión de que ella sabía que moriría muy joven, pues logró mucho y dejó un impacto favorable en la gente que la conoció. Un día, al platicar sobre un amigo que murió siendo joven, ella dijo que era una romántica forma de irte porque serías recordado en tus mejores años. Creo que su vida dejó huellas indelebles en mucha gente, a mí me impresionó particularmente. Ella estaba muy interesada en diversas culturas, viajaba constantemente y elaboraba artículos periodísticos sobre éstas, conocí a varios de sus amigos de los lugares que visitó. Con el tiempo, yo hice mis propios amigos y me casé con un hombre de Trinidad. Mi hermana se interesó especialmente en Malasia, en particular por la influencia china en su cultura. Después de su muerte, sus posesiones volvieron a nosotros, entre ellas había muchos artículos y artefactos chinos. Mi interés en la cultura china fue influido por estas cosas.

¿Dejó el mundo convertido en un mejor lugar? Creo que, como dije antes, tocó a mucha gente. Su entusiasmo contagioso, su brillantez y su energía ilimitada se recordaron por mucho tiempo. Los que sentimos el impacto de su muerte miramos la vida con más profundidad.

Cualquiera que haya estado en tu vida y la haya abandonado a causa de la muerte, te deja una lección. Usualmente, consiste en ver la vida de manera distinta. En lugar de tomarla en su valor nominal, ahora te das cuenta de que hay algo más allá de lo que ves. Los niños que conoces y mueren pronto, tienen un mensaje de paz y amor. Parecen ser almas viejas, y son amorosos y cariñosos, te preguntas por qué te los quitaron tan pronto. Insultas a Dios por habértelo arrebatado.

Si ves la vida como eterna y crees que todos estamos aquí brevemente, notas que algunas personas cumplen su propósito antes que otras. Si vemos al propósito desde una perspectiva terrenal, sentiremos que los que partieron se perdieron de vivir.

Al mirar en restrospectiva, descubrimos que aquellos que tuvieron impacto en el mundo fue porque dejaron un legado. Este legado pueden ser posesiones materiales, dinero, victorias militares o influencia política. Si vemos el lado espiritual de nuestra vida, observamos que, cuando dejamos esta tierra, no podemos llevarnos ninguno de nuestros logros. Quizá nuestro legado sea influir a los que nos rodean de manera positiva.

Usualmente, la muerte de gente cercana a nosotros nos ayuda a ver con mayor profundidad la vida y nos conduce a un entendimiento más espiritual. Esta parte del bagua enfatiza que no podemos avanzar sin este conocimiento.

La literatura esotérica nos recuerda que transitamos de vida en vida con ciertas lecciones.

Tenemos apegos kármicos en cada vida y repetimos relaciones para aclarar estas lecciones. La gente que nos rodea, aunque sea brevemente, nos ayuda a aclarar estos atributos kármicos.

La siguiente sección trata otra parte de nuestra cubierta kármica: nuestras emociones y cómo abordarlas.

Cómo abordar las emociones

Desde que fuimos niños sentimos un cúmulo de emociones. Algunas de nuestras reacciones fuertes, como las que contienen furia y tristeza, son causadas por experiencias de la niñez. Otras actitudes inexplicables, como las fobias, probablemente las acarreamos de vidas anteriores. La mayoría de nosotros aprendimos a reprimir las emociones desde la infancia. Nuestros padres o tutores no se sentían cómodos con sus emociones (como les habían enseñado sus padres), de manera que nos detenían tan pronto como expresábamos cualquier sentimiento fuerte.

Se nos ha enseñado que tan pronto sentimos una emoción específica, la debemos suprimir. Esto puede llevarnos a canalizar de forma poco saludable lo que sentimos. Las emociones contenidas son la causa principal de los problemas psicológicos que hoy son problemas sociales.

Hay muchas clasificaciones de las emociones en todas las culturas pero, según cada una, aprendemos a expresarlas o reprimirlas en distintas circunstancias. Nuestra manera natural de expresarlas se frustra cuando la familia y la sociedad nos enseñan a no mostrarlas y a tratar de no sentirlas. Gracias a la represión de las emociones, las personas crean adicciones y desarrollan problemas psicológicos. Sus relaciones con los demás se deforman. Esto sucede en el mundo a nivel global, muchas de las relaciones entre países están llenas de guerras y conflictos.

El enojo reprimido se vuelve furia; el dolor, depresión; el amor en celos; el miedo reprimido se convierte en pánico y terror, y la envidia en egoísmo. Todas estas emociones exacerbadas provocan estragos en tu cuerpo, en tus relaciones y en las sociedades enteras.

¿Cómo impulsar el sano desarrollo de las emociones? A menudo trabajo con gente que ha llegado a la edad madura y sus emociones se han somatizado. Los aliento a expresar de manera saludable sus viejas emociones, revisamos el pasado por medio de la hipnosis y regresamos a algunas de esas emociones tempranas. Me fascina cuando las personas me relatan una situación que no parece significar nada para ellas. Bajo hipnosis, la misma situación es capaz de sacar a flote emociones extremas reprimidas durante años. Siempre los animo a conectarse con estos sentimientos fuertes, con la seguridad de que pueden apartarse de ellos cuando se sientan incómodos. Cuando regresan de ese estado, invariablemente comentan que no tenían idea de que se sentían así. Algunas emociones llevan a las personas a experiencias de vidas pasadas. En ocasiones, la expresión de esta emoción actúa como catarsis y nos ayuda a aclarar algunos de los problemas que existen en el presente.

Ya que mezclo los métodos occidentales con los orientales, también trabajo con procesos que remueven las toxinas emocionales acumuladas en los órganos internos. La filosofía del Qi Gong cree que existe un vínculo entre las emociones y los órganos. Ciertas emociones dañan a órganos específicos; contrariamente, cultivar determinadas virtudes puede sanar el daño. En términos chinos, una virtud significa un poder que puede cultivarse y crear salud.

La ansiedad, el dolor, la aflicción, la tristeza y la depresión pueden cobrar su cuota en los pulmones. Estas emociones debilitan los pulmones e interfieren con los patrones sanos de respiración. Los pulmones se sanan con la virtud china *yi*, traducida como valor o rectitud, un sentido de la integridad y la dignidad. Los pulmones se asocian al otoño y al elemento del metal.

El miedo crónico provoca enfermedades de los riñones y la espalda baja. De hecho, el miedo (a menudo percibido como estrés) puede provocar secreciones de grandes cantidades de adrenalina e hidrocortisona, que les ordenan a las células convertir en glucosa las grasas y proteínas almacenadas. Esto estimula al cuerpo a tener una reacción de estrés —el síndrome de lucha o huida— que, si se vuelve crónico, provoca el cese del crecimiento, la reparación y la reproducción al inhibir químicos esenciales y la función inmune. En la teoría del Qi Gong, los riñones también controlan la memoria y la función cerebral, y el miedo y el estrés pueden provocar problemas de aprendizaje y dañar la memoria. Cuando los riñones están sanos, la sensación es suave, como el agua en calma, el elemento asociado con los riñones. La virtud asociada es *zhi*, que significa sabiduría y percepción clara.

El enojo suprimido o expresado inapropiadamente daña al hígado, provoca tensión muscular y otros padecimientos como los dolores de cabeza, el cansancio ocular, las hemorroides y la menstruación irregular. La palabra "bilioso" implica una conexión entre el enojo y el hígado. La emoción positiva del hígado es la gentileza, la virtud confucianista *wren*, que significa el compañerismo de una buena relación. El elemento asociado es la madera.

La impaciencia, la prisa, la soberbia, la excitabilidad, el exceso o la crueldad estimulan y dañan el corazón, conduciendo a las enfermedades cardiacas, el insomnio, la histeria y la psicosis.

La virtud positiva del corazón es *li*, que significa ritual, un ritual sagrado, de reverencia, amor, honor, orden y sinceridad; el elemento asociado es el fuego.

La inquietud, el pensamiento obsesivo y la preocupación dañan el bazo y sus órganos relacionados, el páncreas y el estómago, provocando problemas gástricos, presión arterial alta, inmunidad débil y una tendencia a pescar resfriados.

El cultivo del *xin*, los sentimientos de equidad, apertura, aceptación, confianza y fe sanan el bazo. Se asocia al elemento de la tierra y puede ser equilibrado pasando más tiempo en la naturaleza.

La intención principal de las prácticas occidentales y taoístas es sentir la emoción pero no dejar que ésta te domine. Lo que somos capaces de expresar apropiadamente no es reprimido para surgir más tarde en forma distorsionada y enfermarnos.

Necesitamos disciplinas que rompan el hábito del pensamiento repetitivo que nos mantiene atrapados en los viejos comportamientos, y que nos ayuden a liberar los bloqueos y mover la emoción suavemente a través de nuestro cuerpo sin que nos dañe. Presento una de estas prácticas en la siguiente sección.

Seis sonidos sanadores

Te doy estos poderosos ejercicios con el permiso de Mantak Chia, quien introdujo en Occidente las prácticas taoístas que ayudan a liberar a los órganos de las emociones enterradas. La posición para todos ellos debe ser derecho, sentado en la orilla de una silla, con los pies planos sobre el piso. Los sonidos deben ser repetidos tres veces o cualquier múltiplo de tres. Cuando esta emoción te esté causando un problema, repítelo muchas veces: encontrarás alivio.

Sonido de los pulmones

Sirve para liberar a los pulmones de cualquier tristeza, dolor o depresión enterrados. Al volverte consciente de tus pulmones, toma un profundo respiro y levanta los brazos lentamente, de manera que tus palmas queden frente a tu cuerpo. Cuando estén por encima de tu cabeza, voltéalas, de manera que miren hacia arriba, y extiéndelas por encima de ella. Mira a través del espacio de tus manos. Al exhalar, junta los dientes y pronuncia el sonido "ssss", como el de una víbora. Al decir el sonido, ya sea fuerte o por debajo de la respiración (subvocalmente), imagina que estás liberando la tristeza de tus pulmones. Cuando todo el aire haya salido, baja suavemente las manos a tu regazo. Ahora sonríeles a tus pulmones e imagina un hermoso diamante blanco que los cubre, y concéntrate en las virtudes positivas del valor, la rectitud, la flexibilidad y el abandono.

Ejercicio de los riñones

Comienza de nuevo con las manos en tu regazo y enfócate en tus riñones. Coloca las piernas juntas, con los tobillos y rodillas tocándose. Mientras te inclinas hacia adelante, toma un profundo respiro y abraza tus rodillas, con una mano asiendo la otra. Estira los brazos, de manera que puedas sentir un tirón en tu espalda baja, donde se encuentran los riñones. Al exhalar, haz el sonido "wooo", como el viento en los árboles o como apagar una vela. Al mismo tiempo, mete el estómago e imagina que estás liberando todo miedo enterrado de los riñones. Cuando hayas exhalado, enfócate en los riñones e imagínalos cubiertos por una luz brillante y oscura; concéntrate en el sentimiento de gentileza. Cuando hayas exhalado completamente, abre las piernas de nuevo y pon las manos palma arriba sobre ellas.

Ejercicio del hígado

Siéntate de nuevo en posición recta, con las manos descansando sobre tu regazo. Sé consciente de tu hígado, en el lado derecho, bajo el diafragma. Pon tus manos a los lados, con las palmas hacia arriba, y súbelas lentamente hasta que estén sobre la cabeza, de manera que las palmas queden de cara al techo. Inclínate levemente a la izquierda, de modo que sientas un suave tirón en tu lado derecho, donde se encuentra el hígado. Exhala el sonido "SHHHHH", como si le dijeras a alguien que callara. Imagina que con ese sonido estás liberando todo el enojo de tu hígado. Al terminar de exhalar, imagina a tu hígado en un brillante verde primavera y enfócate en los sentimientos de bondad.

Ejercicio del corazón

El ejercicio del corazón se hace exactamente del mismo modo que el del hígado, excepto porque te inclinas a la derecha, estirando el lado izquierdo, el área del corazón. Al exhalar, el sonido es "HAWWWW" y, al pronunciar este sonido, puedes imaginar que liberas la impaciencia, la ansiedad, la soberbia y la prisa. Imagina un rojo brillante cubriendo el corazón y siente amor, sinceridad, respeto y honor.

Ejercicio del bazo

Toma un profundo respiro e inclínate hacia adelante, colocando los dedos de ambas manos juntos, con los anversos tocándose. Coloca los dedos como un cuchillo, debajo del lado izquierdo del esternón. Presiona con los dedos mientras empujas tu espalda hacia fuera. Al exhalar, el sonido es "WHOOOOO", similar al sonido del riñón pero más gutural. Al exhalar, imagina que te liberas del exceso de preocupación. Vuelve a sentarte y ve al bazo y sus órganos relacionados, el páncreas y el estómago, cubiertos con un profundo amarillo dorado, y concéntrate en los sentimientos de justicia, compasión y confianza.

Ejercicio de triple calentamiento

Se refiere a los tres centros de energía del cuerpo. El nivel superior, que consiste en el cerebro, el corazón y los pulmones, se considera caliente. La sección media, con el hígado, los riñones, el estómago, el páncreas y el bazo, se considera tibia; y el nivel inferior, con los riñones, la vejiga y los órganos sexuales se considera frío. Este ejercicio pretende balancear la temperatura de estos tres niveles del cuerpo; se realiza acostado boca arriba. Cierra los ojos y toma un profundo respiro. Al exhalar, imagina que un gran rodillo de vapor está sacando tu respiración, comenzando por la parte alta del pecho y terminando en el bajo abdomen, mientras pronuncias el sonido "HEEEEE". Imagina que la temperatura de tu cuerpo está equilibrada. Es un ejercicio maravilloso para ayudarte a dormir por la noche.

Estos ejercicios ayudan a liberar los bloqueos emocionales de tu cuerpo, ya sea del presente o de experiencias pasadas. A la hora de dormir, remueven las tensiones del día y te ayudan a tener un sueño reparador.

Afirmaciones

 Libero todos los bloqueos emocionales.

 Cada día tomo un tiempo en calma para la contemplación.

Fluyo con mis emociones y no permito que la emoción dañe mi cuerpo.

Feng Shui para tu entorno

Ésta es el área de tu casa que enfatiza la contemplación callada y el autoconocimiento. El elemento es la tierra. Las sugerencias son:

 Una repisa de libros.

 El color azul o los tonos terrosos.

 Un espacio callado para la contemplación.

 Cuadros de montañas.

 Cualquier cosa que te recuerde tu conocimiento interior, la meditación o la contemplación.

Trigrama de la fama

El trigrama de la fama, *Li*, se representa por una línea yin entre dos líneas yang. Al igual que el fuego, el elemento de este trigrama parece firme e inflexible en el exterior, pero está hueco en el interior. En la familia arquetípica, es la hija de en medio. El color es rojo como el fuego, e incluye todas sus características (brillantez, calor y sequedad). Este trigrama es llamado fama, pero no es fama terrena, sino iluminación: cómo hacemos brillar nuestra luz y nos convertimos en maestros. Es cómo nos conocen los demás, no en el sentido mundano, sino cómo nuestro ser interior se muestra a otros.

En el bagua, se encuentra frente a los viajes. Se localiza en el lado sur de tu casa. Al viajar por la vida, llegamos a la autorrealización y mostramos nuestro verdadero ser a los demás. Aunque logremos fama terrenal, es más importante hacer honor a nuestro propósito al transitar el camino. En esta área hablo de la propia iluminación, de cómo hacer sonar nuestra nota, de lo que nos enseñan los desastres naturales y de cómo convertirnos en maestros por derecho propio.

La iluminación

Sé la luz para la que estás aquí. "Por tus obras te conocerán", dice la Biblia. Nuestra fama y reputación son la forma en que caminamos en el mundo. ¿Significa eso que debemos intentar ser perfectos todo el tiempo? No, significa que tenemos que ser honestos sobre quiénes somos, examinándonos en todos los niveles y trabajando en la liberación de los viejos patrones que nos mantienen en una conducta que ya no nos sirve.

Esta área del bagua está representada por el fuego, la iluminación. El fuego ilumina todo a nuestro alrededor y también es brillante, sostiene la energía que se quema y luego se apaga. Es importante impedir que nuestro fuego se apague. Cuando hablamos del fuego interior de alguien, nos referimos a esa cualidad que representa la consistencia y el poder.

En los negocios, los departamentos "de fuego" son los de ventas y mercadotecnia, que sostienen a la compañía y la mantienen funcionando. De igual manera, el fuego dentro de nosotros necesita sostenernos y mantenernos funcionando. Cuando sentimos esa consistencia la transmitimos a los demás.

Nuestra luz se revela en cada acción. Cuando verdaderamente nos hemos autoexaminado, nuestras acciones son congruentes con quiénes somos. Cuando nos aferramos a las emociones —por ejemplo, si somos rencorosos, amargados o celosos—, es porque tenemos partes de nuestro ser sin examinar. Cuando entramos en contacto con nosotros mismos, sentimos nuestras emociones, las expresamos apropiadamente y las liberamos.

Nuestra integridad irá ante nosotros. Con integridad quiero decir ser auténticos en nuestra conducta. Cualquier cosa en que creamos debemos reflejarla por medio de nuestras acciones, no sólo con palabras. Necesitamos tomar el camino de la honestidad, sin importar cómo nos pueda afectar. En ocasiones, el atajo puede ser adoptar una conducta deshonesta; pensamos que no importa porque nadie lo sabrá. Cuando somos conscientes, sabemos que toda acción importa y que lo que hacemos invariablemente regresa a nosotros.

Uno de los aspectos por los que se nos reconocerá será nuestra habilidad para brindar amor incondicional. Este tipo de amor no tiene agenda ni expectativas de la gente. Simplemente aceptamos a las personas como son, sin calificativos, siempre viendo su imagen superior, incluso si ellos mismos no la ven. La gente a menudo se siente mejor consigo misma en nuestra presencia, aunque no tengan idea de por qué.

Cuando somos una luz, iluminamos con una llama consistente que da eso mismo a todo lo que nos rodea. Es difícil sentir esa solidez en este mundo cuando muchas cosas alrededor parecen caóticas. Sin embargo, mientras más consistentes seamos, más firme es nuestro entorno. Cuando abandonamos la necesidad de caos, atraemos situaciones pacíficas.

Comenzamos a adoptar el esquema mental de que todo en el mundo tiene una razón; está ahí para mostrarnos las partes de la humanidad que aún no han sanado. Incluso la muerte y la destrucción que vemos y leemos en los diarios, nos muestran la conciencia de grupo que nos rodea.

Durante eones, la raza humana ha provocado caos y destrucción al aferrarse a viejos patrones nocivos. Según la literatura espiritual de muchas culturas, ésta es la vida para liberar dichos patrones. En ocasiones, miramos a nuestro alrededor y pensamos que nuestra contribución no puede significar nada porque sería una gota en el mar.

Si cada uno de nosotros comienza a sentir y actuar de manera distinta, combinamos nuestra luz y podemos cambiar el mundo. Se necesitará una multitud para llegar a una masa crítica, y entonces todo, incluso las leyes y los gobiernos, cambiarán.

Nunca creas que lo que haces no importará. Una persona que emana luz de amor tiene una influencia de gran alcance. Mucha gente que se sostiene en una imagen consistente y envía luz puede cambiar al mundo.

Por cambiar al mundo no entiendo forzar a la gente a pensar como tú, sino tener una imagen superior de la humanidad, sabiendo que es capaz de hacer mucho más de lo que ha logrado en el pasado. Revelar nuestra luz significa estar en contacto con el poder interior e irradiarlo.

Hacer sonar tu nota

Éste es el nombre de una canalización realizada por Orin que encuentro muy útil. Nos guía en la evocación de la esencia de nuestra alma, que tiene una nota o frecuencia sólo nuestra. Cuando podemos calmar nuestro yo exterior o personalidad, somos capaces de sentir, si no es que oír, esta nota, para proyectarla al exterior de manera que atraigamos a la gente que nos ayudará a trabajar o que compartirá con nosotros esta vida.

Al liberar los bloqueos en todas las áreas de nuestra vida, nos volvemos consciente de nuestro propósito y comenzamos a ver que aparece gente que de alguna manera se conecta con él. No importa lo que estemos haciendo en el mundo laboral. Nuestro propósito se puede mostrar por medio de nuestro trabajo o en los pasatiempos y otras actividades que nos guste hacer. Irradiamos al mundo nuestra autenticidad y cómo se conecta con aquello en lo que pasamos nuestro tiempo. Al eliminar los bloqueos en nuestra vida y relaciones, el que será un medio de vida nos encontrará.

Mientras más nos abandonamos y trabajamos con el Tao o Universo, es más sencillo encontrar nuestro propósito.

Es lo opuesto a aquello en lo que el mundo cree. No está desarrollando el "hacer", sino el "ser". No desarrollamos hacer esto porque intentarlo es el concepto opuesto de sólo permitirnos ser.

Estamos limpiando nuestras percepciones mundanas y al entrar en contacto con nosotros mismos y asumirnos como almas con un propósito superior, descubrimos que tenemos un mensaje para dar al mundo. Al vivir de una manera pacífica desearemos compartir nuestra experiencia con otros. Podríamos hacerlo por medio de talleres, de la escritura, de pláticas, del arte o simplemente influyendo a la gente con nuestra presencia.

Uno de los momentos más difíciles para hacer esto es en las relaciones íntimas, pues, como señalé antes, en ellas surgen nuestros viejos patrones. Para conocernos necesitamos observar cómo funcionamos en nuestras relaciones. Si permanecemos embrollados en conflictos o pequeños agravios, es porque no estamos trabajando a un nivel más profundo.

La forma de entrar en contacto con nuestro propósito superior, la esencia de nuestra alma, o nuestra luz, es verla en otro. Lo más difícil es verla en otros cuando ellos no están conscientes de sí mismos. Cuando la gente a nuestro alrededor está enterrada en la disfunción, tenemos que ser conscientes de su presencia superior y proyectarla hacia ellos. Esto es complicado cuando ellos nos tocan los viejos botones emocionales. Una señal de que lo hemos superado aparece cuando no reaccionamos como lo hacíamos antes. Podemos sentirlo, pero vemos a través de él. Reconocemos que estos patrones ya no nos sirven y los dejamos ir.

Cuando las palabras de alguien nos hacen reaccionar violentamente, sabemos que ésa es una parte de nosotros no sanada. Si tenemos inseguridad, enojo o miedo, es porque nuestro niño interior aún no ha sanado. Como dijimos antes, no lo reprimimos para que se encone, sino que lo reconocemos, preguntando si el niño interior nos ayudará en nuestro nuevo entendimiento. Tenemos muchas opciones que no teníamos antes. No importa con qué frecuencia surjan las viejas emociones; lo que importa es que seamos capaces de trabajarlas.

Según yo, entrar en contacto con la esencia del alma es el motivo de nuestra vida. Estamos tan inmersos en el mundo y sus problemas que no nos tomamos el tiempo de examinarnos.

Como lo demuestran las prácticas orientales, al involucrarnos en esta filosofía, simplemente nos rendimos, alejamos y movemos con el flujo de la vida, sabiendo cuándo movernos tan sólo por un conocimiento interior, no por nada del exterior. Nos convertimos en el movimiento del Tao. Nada nos sacará del centro porque sabremos que tiene un propósito superior.

La lección del huracán

La mayoría de nosotros tenemos planes para nuestros días y sabemos qué se supone que haremos de minuto en minuto. Estamos tan restringidos por estos planes, que no nos tomamos el tiempo necesario para escuchar la guía, ni para ser conscientes de la sincronicidad de nuestro entorno.

Yo me volví más atenta cuando me enfrenté a los preparativos de un huracán inminente. Tenía varias cosas por hacer, estaba planeando un viaje a Trinidad y ya había citas concertadas para el día de mi llegada.

Cuando la radio anunció que había un huracán camino a Florida, me enojó que el clima pudiera cambiar mis planes. En lugar de alistarme para mi viaje, tendría que pasar el tiempo preparando mi casa (colocar postigos y quitar todos los objetos del exterior) y corriendo a comprar agua y alimentos enlatados en caso de que hubiera un cese de servicios. Mi vuelo fue cancelado y tuve que llamar a Trinidad para avisar.

¿De qué se trataba eso? Cuando superé mi enfado inicial y me tomé un tiempo para estar en calma, comprendí que en realidad nunca sabemos lo que vamos a hacer. Tenemos claridad sobre lo que nos gustaría, pero hay que estar abiertos a los imprevistos. Podemos tener cierta idea de a dónde nos gustaría terminar, pero a menudo no estamos seguros de cómo llegar ahí.

Al ser conscientes de nuestro propio dominio, conocemos más la asociación que existe con nuestra parte divina. Me parece que esta parte está conectada con un plan maestro del universo y nosotros nos movemos con ella cuando las cosas funcionan con suavidad y comienzan a fluir para nosotros.

Cuando los terremotos, huracanes u otros desastres naturales intervienen en nuestras vidas, nos recuerdan que las cosas no son lo que parecen en la superficie. Estamos tan atrapados en nuestras preocupaciones terrenales, que no le dedicamos tiempo a nuestro lado espiritual. Nuestras posesiones mundanas pueden ser destruidas, pero nosotros, como seres espirituales, no nos vemos afectados. Aunque sea difícil de recordar por el mundo en que vivimos, la identidad no se adquiere a través de las cosas, sino gracias a nuestro entendimiento espiritual.

¿Cómo manejarían los maestros algo como un huracán o un temblor? Sabrían que un desastre ocurre en sus vidas por una razón y se quedarían callados para pedir el propósito. Los maestros permanecerían alerta y estarían abiertos a cualquier signo que mostrara el significado de la tormenta; se moverían con el desastre, no contra él. Permanecerían en paz, visualizando el resultado pacífico de lo que se presente en ese momento. Sabrían que una perspectiva espiritual de un resultado pacífico sería distinta a la que el mundo ve. Sabrían que siempre hay una solución para cada problema, por muy terrible que éste parezca.

Éste es un modelo para manejar todos los problemas que se presenten en tu vida. La primera cualidad importante es no juzgar, pues, como dijimos antes, nunca sabemos por qué los problemas aparecen en nuestra vida. Siempre hay lecciones que aprender y si caminamos a través del reto ignorando la lección, estas cosas se nos presentarán en otra forma. Como mencioné, he pasado por muchas pruebas antes de aprender la lección y de apropiarme de mi poder para crear una realidad diferente.

Al reconocer tu responsabilidad sobre el surgimiento de estos problemas en tu vida, estarás listo para cambiar algunos de los patrones que te llevan a las mismas circunstancias una y otra vez. En un nivel más profundo, estás consciente de que tú creaste estos problemas para encontrar la solución e iluminarte más. Es difícil mantener esto en primer lugar en nuestra mente, pero, cuando lo hacemos, nuestra vida es más feliz y fluye sin esfuerzo. Así como el no-juicio, también podemos permanecer no-apegados al resultado de los eventos, e incluso a lo que ocurre a nuestro alrededor, sabiendo que somos parte de un universo espiritual, recordamos que todo a nuestro alrededor simplemente nos da un mensaje y nada es lo que parece.

Cuando logramos caminar por el sendero del dominio, sosteniendo nuestra luz, vivimos nuestro verdadero propósito. A pesar de que estemos muy absortos en los eventos del mundo tenemos que recordarnos siempre por qué estamos aquí. Creo que hay un designio en este universo del que sólo somos una parte, y nuestras acciones diarias necesitan afirmar ese hecho.

En todo lo que hacemos es importante que brille la luz para los que no la pueden ver como nosotros. Al hacerlo, comenzamos a estar en paz con nosotros mismos y perdemos el miedo a lo desconocido, transitamos el camino de la maestría.

Convertirse en maestro

Una de las formas de mantenernos en nuestro camino es imaginando que somos un maestro y cómo actuaríamos. ¿Qué sería distinto de como vivimos nuestros días?

Si pensamos en los grandes maestros —Jesús, Buda o Lao Tsé—, descubrimos que se movían con tal serenidad y claridad de su propósito, que no les preocupaba lo que pensaran los demás de lo que hacían. Sabían en el nivel más profundo la razón de estar aquí, por lo que sus pensamientos, palabras y acciones estaban alineadas con ese nivel de entendimiento.

¿Cómo podemos hacer esto en el mundo actual, cuando somos presa de todo lo que ocurre a nuestro alrededor? ¿Cómo nos podemos mover con la serenidad de un maestro? Admito que es difícil, pero no imposible.

Una vez que nos alineamos con nuestro propósito, abandonamos las cosas que nos impiden cumplirlo. Seguimos la fórmula "ser, hacer, tener" para ser maestros primero, hacer lo que esté alineado con nuestro propósito y obtener las cosas que necesitamos para continuar.

Siempre me pregunto cómo actuarían los maestros en esta situación. Los maestros no serían movidos por nada del exterior. Su felicidad no dependería de nada más que de su ser interior. Ante cualquier reto, pregúntate lo que has de aprender de él. ¿Qué partes de ti todavía no sanan? envíate salud y sé consciente de que tienes el poder para superar los retos.

Cuando te levantes por la mañana, pregúntate cómo pasaría el día un maestro. Un maestro se despertaría con la certeza del propósito y sabría que le será revelado todo lo que necesite hacer. Un maestro podría tener planes, a sabiendas de que pueden cambiar en cualquier momento. Sobre todo, un maestro tiene la confianza en que la guía interior le mostrará adónde ir y qué hacer.

Cuando me muevo con ese conocimiento interior, sé que la gente que se sienta a mi lado tiene información para mí o que yo tengo algo que decirles, sé que todo lo que me ocurre durante el día tiene un significado superior, no me preocupo porque sé que se me mostrará adónde ir, dejo de obligarme a hacer las cosas que no fluyen, para volver al camino correcto. Cuando las cosas no fluyen, es seguramente porque las forzamos. Cuando realizas algo y es fácil de hacer, significa que es parte de tu propósito.

Cuando caminamos como maestros, nos sentimos en calma y seguros de nosotros mismos, sabemos que todo, incluyéndonos, es parte de un plan divino. No permitimos que las situaciones y las cosas nos bajen la guardia. No nos comparamos con nadie y no nos influyen las opiniones externas. Incluso cuando enfrentamos un problema, sabemos que la solución está ahí si permanecemos abiertos a ella.

Cuando me descubro preocupada o sacada de centro por cualquier situación, me pregunto qué haría un maestro en mis circunstancias. Imagino a algún antiguo maestro chino sentado serenamente viendo cómo el mundo pasa a su lado, sin dejarse atrapar por nada. El *Tao Te King* nos recuerda: "Vacía tu mente de todo pensamiento. Permite que tu corazón esté en paz. Observa la confusión de los seres, pero contempla su regreso… Inmerso en la maravilla del Tao, puedes enfrentar todo lo que te traiga la vida, y cuando la muerte venga, estarás listo".

Convertirse en maestro significa tener el conocimiento interno de tu propósito para estar aquí y saber que habitas la tierra para conectarte con ese propósito. Si corremos por todos lados para hacer las cosas, preocupándonos por la gente y las situaciones, perdemos nuestro centro y reaccionamos ante nuestro alrededor. No permanecemos abiertos a las señales que nos dicen por dónde seguir y qué hacer.

Caminamos con dominio cuando nos podemos sentar en calma y esperar mensajes, impulsos y sentimientos que nos guíen en nuestro siguiente movimiento. Un maestro espera a que la solución aparezca, sabiendo con confianza que así será. En ocasiones lo mejor es no hacer nada, entrar en el estado de inactividad del que hablamos antes.

Los maestros saben por qué están aquí y hacen todo con esa confianza interior. Necesitamos recordar que tenemos un propósito y que si nos movemos con el flujo de la vida y no contra él, descubriremos que nuestras acciones son placenteras y estaremos en contacto con nuestro ser profundo. Cuando te sientes débil e inseguro, es porque dudas de esta presencia dentro de ti. Es necesario moverte con la fuerza del universo, caminar con dignidad, confianza en ti mismo, humildad y no con soberbia.

El camino a la maestría implica dominarnos a nosotros mismos. Cuando caminamos sobre nuestros demonios en todas las áreas de la vida, como se representa en el bagua del Feng Shui, y nos conectamos con nuestra presencia superior, podemos confiar en que estamos develando la maestría que existe dentro de nosotros.

Ejercicio para convertirse en maestro

Imagina pasar un día como maestro. Siéntate en calma, cierra los ojos y comienza a imaginar desde el momento en que te levantas por la mañana, es un día común, con la diferencia de que manejarás todo evento como lo haría un maestro.

Antes de abandonar la cama, quizá necesites pasar algún tiempo en calma mirando en tu interior o meditando. Conforme imaginas que progresa el día, te ves en calma y lleno de confianza de evento tras evento, sin disgustarte por nada. Conforme las circunstancias se presentan, tú recuerdas que las cosas no son lo que parecen y que siempre hay un propósito detrás de todo. Interactúas con los demás de forma cariñosa y compasiva, reconociendo su yo superior y su propósito más alto, considerando que pueden tener una función en tu vida.

Si la gente intentara atraparte en el caos o el drama, no participarías, permitiéndoles recibir sus propias lecciones. Estarías allí únicamente para recordarles su propósito superior.

Cuando las cosas no funcionaran, no intentarías forzarlas, sabiendo que quizá existe una alternativa. En todo momento estarías en contacto con la guía superior y la intuición, y las seguirías. Buscarías la sincronicidad en todas las situaciones e intentarías mantenerte alejado de los resultados. Te quedarías quieto y sabrías cuándo moverte, en el verdadero espíritu de la no-acción.

Al final del día, estarías de nuevo callado o meditarías, reconociendo tu presencia superior y conectándote con esta presencia al irte a dormir. Pedirías soluciones a tus problemas que aparecieran en tus sueños.

Ahora respira profundo y mírate, en tu imaginación, moviéndote como un maestro, calmado, centrado y equilibrado, sabiendo que hay algo más importante más allá de esta realidad mundana.

Afirmaciones

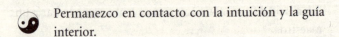 Permanezco en contacto con la intuición y la guía interior.

Me muevo con certeza y dominio.

Soy una luz e irradio luz a todo lo que me rodea.

Soy un maestro.

Feng Shui para tu entorno

Ésta es el área del fuego, la luz, la iluminación y la fama. Las sugerencias para esta área son:

- Cualquier cosa roja o de otros colores de fuego.

- Velas o luces.

- Cualquier cosa que reconozca quiénes somos.

- Premios o artículos sobre algo que hayamos hecho.

- Fotos de animales o personas, pues éstos son considerados de fuego.

- Chimeneas o símbolos ígneos.

- Cualquier cosa triangular o cónica.

Algunos pensamientos para concluir

Espero que mis experiencias te hayan ayudado a localizar los bloqueos en tu vida y que te hayan proporcionado algunas herramientas para limpiarlos. Usar el bagua del Feng Shui como modelo me ha ayudado a ser consciente de todas las áreas de mi vida y de mi entorno.

Este libro se puede leer de principio a fin o como herramienta adivinatoria. Con el poder de la sincronicidad, puedes abrir el libro al azar y descubrirás que la sección que leas se conecta de alguna forma con una situación de tu vida. Te deseo todo lo mejor en tu camino al dominio del ser.